乳幼児の保育・教育

野口隆子

（改訂新版）乳幼児の保育・教育（'21）

©2021　野口隆子

装丁・ブックデザイン：畑中　猛

o-38

まえがき

　現代社会において，「乳幼児の保育・教育」には非常に高い関心が寄せられているのではないでしょうか。情報はあふれ，また身近に感じられるものでありながら，保育・幼児教育と子どもの発達との関連性，哲学や歴史，制度，園文化，保育者の持つ専門性や実践知的実践知について，よく知られていないことがあるようです。

　我々皆が経てきた乳幼児期ですが，自分の子ども時代を単になぞるだけではなく，新たな知を蓄え，これからの社会・時代に思いをはせ，求められる保育・教育を探究し続けていくことが大切だと感じています。

　中心となるテーマを絞り，15章として構成しています。まず第1章では，乳幼児期の保育・教育における遊びの意味について考えることから始め，園の意義について取り上げました。第2章では，生涯発達からみた乳幼児期の特徴について，発達の理論について，解説しています。第3章では，環境を通しておこなう保育・教育のとらえ方を紹介し，環境に主体的に関わる子どもを支え関わる保育者の役割について解説しています。第4章では，子どもの遊びをめぐる理論や議論，乳幼児期の生活におけるメディアとの関わりを取り上げました。第5章では，子どもを取り巻く人間関係に着目し，親子関係，仲間関係を通した成長発達を見ていきます。第6章は，子どもの言葉とその獲得過程に関する理論や方法，児童文化財について解説しました。第7章は，子どもの表現と創造性において，その基盤や創造性をプロセスとしてとらえることの重要性について取り上げています。第8章では，保育の出発点ともいうべき子どもの理解について，そして評価と改善の考え方について解説しています。第9章では，保育・教育の場の"気になる子"の理解と対応を，保育者のまなざしや関わりから考えています。第10章では，幼児期から児

4

童期の教育の移行について，小学校との接続について取り上げ，あらためて幼児教育の持つ特徴や意義について解説しました。第11章では，我が国の保育・教育や制度に関する歴史を，保育内容の変遷を取り上げています。第12章では，諸外国における保育・教育，子ども観，教育観を紹介しました。第13章では，社会の変化とともに多様化する家族と保育について解説し，子育ての支援について考えています。第14章では，保育者の成長・発達に着目しました。育て育む保育者はまた職場集団の中で育まれ自ら学び育っていく存在であることについてまとめています。第15章では，今日の幼児教育をめぐる議論を整理しつつ，保育の質と向上の意味するものについて述べています。

　本書では，理論とともに，事例や実践を取り上げ，読者が身近に感じられ考える機会になるように構成しました。保育者を目指す方を対象としつつ，より幅広い読者を想定しております。また，データや資料など，関連機関がインターネット上で公刊・公開しているものをなるべく取り上げるようにし，読者が持続的に発展的学習をおこなうこと，理解を深めることができるようにしています。

　本書は印刷教材として執筆致しましたが，放送教材（ラジオ）「乳幼児の保育・教育」を作成致しました。第4回，第7回，第9回，第10回，第12回では専門家をゲストとしてお招きしています。ラジオの放送内容も生かして学習を進めていただくと，より理解が深まるでしょう。子どもを育む大人・保育者・教師もまた変化する環境・社会の中で成長・変化し，学び続ける存在です。印刷教材，放送教材が，皆さんの興味・関心を広げ，学びを深める窓口となることを願っております。

2020年10月
野口隆子

目次

8

1 乳幼児期の遊びを通した保育・教育

《**目標とポイント**》 子どもを取り巻く環境の変化と，現代の子どもの育ちと子育ての意味について考え，乳幼児の遊びを通した保育・教育の基本について理解します。また，「遊び」とは何か，現代社会における意義について学びます。

《**キーワード**》 遊び，環境，乳幼児期，保育・教育

1. はじめに：子どもと遊び

　子どもを中心としその具体的姿をとらえようとする時，成長発達の諸側面のうち何に着目し思いや願いを持って育っている（育てようとする）のか，人それぞれの価値観があることが浮かび上がってきます。次の言葉を見て，どのように思われますか？

> 年中のとき
> 　「ぼく　くもにのりたいな。
> 　だってわたあめ　いっぱい　たべたいもん」
>
> 年長になったら
> 　「せんせい　くもはなにかしってる
> 　くもはあめにかわるんだよ　しってた？
> 　ぼくおにいちゃんにきいたんだ　すごいだろう」

　これは，ある幼稚園の表現発表会で，保育者が年中4歳から年長5歳へと成長した子どもの遊びの中の言葉を書きとめ，そのまま掲示したものです。解説はなく，こう読み取ってほしいという正解もありません。これを読んだ大人・保護者の方の受け止めにゆだね，考えてもらうという意図があります。これを保育者をめざす学生，保育者や一般の方々に見ていただき捉え方を聞いてみると，様々な受け止めがありました。「1年間でこれほど違うのか，こんなに早く成長するのか」という意見からは，大人とは違う子どもの成長発達に関するイメージの違いを示唆しています。主なものは年中児に対して「雲がわたあめに見えるって純粋」「ファンタジーの世界を楽しんでいる」「雲の形に着目して，似ているものを連想できているのがすごい」「この"子どもらしい"ままでいてほしい」など，年長児に対しては「年長は，"大人っぽくなっている"」「知っていることをアピール」「小学生のおにいちゃんに聞いてあこがれているのかな」などの感想があがっていました。ここでいう"子どもらしさ"や"大人らしさ"のイメージとはなんでしょうか。純粋無垢，想像の世界を膨らませる姿と，知ることの喜びや成長へのあこがれを持ち，知識を得て学ぼうとする姿が対となりうかびます。

　我々人間は，動物分類学上の学名は現生人類とされ，ホモ・サピエンス（Homo sapiens）と称されています。起源となったラテン語ではホモ（Homo）は「人間」，サピエンス（sapiens）は「賢い」の意味があり，ホモ・サピエンスは「知恵ある人」，「賢い人」を意味します。オランダの歴史学者ホイジンガ（2018）は人間の諸活動，文化の基本的現象における遊びの役割と重要性を示し，ホモ・サピエンスと対比的にホモ・ルーデンス（Homo ludens；ラテン語で「遊ぶ人」，「遊戯人」を意味する）として位置付けました。我々は知恵を持ち，試行錯誤して作り出す創造性，先達の知識に学び思考を深め，表現する力に優れていると考えられ

ますが，そういった活動の基本的要素に遊びが見出されていると言えます。

　平安時代後期の歌謡集『梁塵秘抄』には，古来より子どもの遊びに引き込まれていく大人の感慨を歌った一首が残されています。

　　「遊びをせんとや生まれけむ　戯れせんとや生まれけん　遊ぶ子ど
　　もの声聞けば　わが身さえこそ揺るがるれ（四句神歌・雑・
　　三五九）」
　　［現代語訳］　遊びをしようとしてこの世にうまれてきたのだろう
　　か，戯れをしようとして生まれてきたのだろうか，一心に遊んでい
　　る子どもの声を聞くと，私の体まで自然に動きだしてくることだよ。

（植木，2014）

　平安時代の子どもの姿として描かれる象徴的な姿は，今の時代にも共通する点があるのではないでしょうか。幕末から明治にかけて来日したネットーとワーグナーは共著『日本のユーモア』の中で「子ども達の主たる運動場は街の中である。子どもは交通のことなど少しも構わずにその遊びに没頭する」と記録し，当時の日本の街が子どもにとって活き活きとした活動の場であったと述べています（渡辺，2005）。1924（大正13）年に我が国最初の子どもの遊び環境の調査を行った造園学者の大屋霊城氏の記録の中に多くの子どもが道で遊んでいる姿を記しています（子どもを元気にする環境づくり戦略・政策検討委員会，2007）。
　しかし，現代では地域の様々な年齢の子どもたちが一緒に遊ぶような物理的な場が少なくなっていることが調査から明らかとなっています（仙田，1984）。子どもの集団がいきいきと遊び声をあげる姿を日常的に

見かけることは少なくなり，子どもの遊んでいる姿を「元気で活発」ととらえる人もいれば「うるさい」ととらえる人もいるのではないでしょうか。現在，道は危険で遊び場として使えず，また地域の子どもの人数が少なくなっているために近隣に遊べる相手もほとんどいなくなり，核家族化，地域の人間関係の希薄化により家庭の中で親子で孤立して過ごすことが多くなるなどの孤立化現象がみられています。その中で，インターネットや携帯電話等を通した関係性，情報，ネットワークが親子にとって身近なものとなり，有益で必要な情報が得られる反面，氾濫するさまざまな情報の中で結果として親子が孤立するという現実もあるでしょう（日本保育学会保育臨床相談システム検討委員会，2011）。

2. 園生活における遊びの意義

　我が国の子どもが育つ場について，乳幼児期の多くの子どもは家庭等で保護者と共にすごし，さらにフォーマルな場で保育・教育を受けています。図1－1には，幼稚園・保育所・幼保連携型認定こども園，未就園児について，年齢別の利用者がまとめられています（文部科学省，2019）。1歳，2歳については，保育所や幼保連携型認定こども園に通っている子どもは半数程度となり，0歳児はほとんどが家庭等で過ごしている状況がうかがえます。一方，就学前の5歳児では，推計未就園児は全体の1.7％であり，それ以外の子どもは就学前までに幼児教育・保育施設を利用しています。また，日本では2019（令和元）年10月1日より，3歳から5歳までの幼稚園，保育所，認定こども園などを利用する子どもの利用料が無償化されました（上限や含まれない費用あり。また0歳から2歳までの住民税非課税世帯の子どもも対象）。

　生活に必要な知恵を共に生活する共同体の中で学び，生きる力を身につけていくその内容やあり方は，国や文化によって異なります。子ども

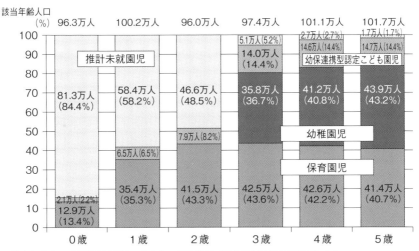

※該当年齢人口は総務省統計局による人口推計年報（平成29年10月1日現在）より。

※幼保連携型認定こども園の数値は平成30年度「認定こども園に関する状況調査」（平成30年4月1日現在）より。

※幼稚園の数値は平成30年度「学校基本調査」（確定値，平成30年5月1日現在）より。「幼稚園」には特別支援学校幼稚部，幼稚園型認定こども園も含む。

※保育園の数値は平成30年の「待機児童数調査」（平成30年4月1日現在）より。なお，「保育園」には地方裁量型認定こども園，保育所型認定こども園，特定地域型保育事業も含む。4歳と5歳の数値については，「待機児童数調査」の4歳以上の数値を「社会福祉施設等調査」（平成29年10月1日現在）の年齢別の保育所，保育所型認定こども園，小規模保育所の利用者数比により按分したもの。

※「推計未就園児数」は，該当年齢人口から幼稚園在園者数，保育園在園者数及び，幼保連携型認定こども園在園者数を差し引いて推計したものである。

※四捨五入の関係により，合計が合わない場合がある。

図1-1　幼稚園・保育所等の年齢別利用者数及び割合（平成30年度）
（文部科学省，2019）

が一日の多くを過ごす園では，何を大事にしているのでしょうか。まず，平成29（2017）年に告示された幼稚園教育要領及び同解説を見てみましょう。これによると，生活や指導のあり方は，幼児期の特性をふまえ環境を通しておこなうものであることを基本とし，「幼児期にふさわしい生

14

活が展開されるようにすること」，「遊びを通しての総合的な指導が行われるようにすること」，「一人一人の特性に応じた指導が行われるようにすること」の3点を特に重視していると述べています。保育所保育指針及び同解説（2017）では，遊びには子どもの育ちを促す様々な要素が含まれているとし，第1章の1（3）保育の方法において「子どもが自発的・意欲的に関われるような環境を構成し，子どもの主体的な活動や子ども相互の関わりを大切にすること。特に，乳幼児期にふさわしい体験が得られるように，生活や遊びを通して総合的に保育すること」とされています。乳幼児期の子どもにとって遊びが大事であり，遊びを通した総合

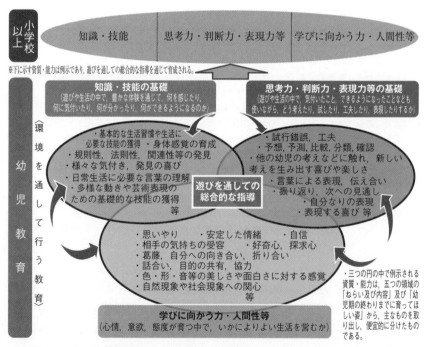

図1－2　幼児教育において育みたい資質・能力（文部科学省，2016）

的指導が求められていることがわかります（保育における環境や遊びについては，第3・4章でさらに詳しく解説したいと思います）。

　また，平成29（2017）年告示の幼稚園教育要領，保育所保育指針，幼保連携型認定こども園教育・保育要領には，幼児教育を行う施設に共有すべき事項として3法令に共通の育みたい資質・能力及び「幼児期の終わりまでに育ってほしい姿」（いわゆる"10の姿"）が新たに明記されました。

　育みたい資質・能力（図1－2）とは，就学前から小・中・高の学校教育を通して伸ばしていこうとするものであり，豊かな体験を通じて，感じたり，気付いたり，分かったり，できるようになったりする「知識及び技能の基礎」，気付いたことや，できるようになったことなどを使い，考えたり，試したり，工夫したり，表現したりする「思考力，判断力，表現力等の基礎」，心情，意欲，態度が育つ中で，よりよい生活を営もうとする「学びに向かう力，人間性等」の"3つの柱"として示され，発達の諸側面から5領域（心身の健康に関する領域「健康」，人との関わりに関する領域「人間関係」，身近な環境との関わりに関する領域「環境」，言葉の獲得に関する領域「言葉」，感性と表現に関する領域「表現」）

図1－3　幼児期の終わりまでに育ってほしい姿（文部科学省，2016）

から構成されるねらいや内容に基づく活動全体を通して育んでいくものとされています。また,「幼児期の終わりまでに育ってほしい姿」は,園修了時の子どもの具体的な姿であり,保育者が指導をおこなう際に考慮するものであるとしています(図1−3)。

3. 子どもを取り巻く環境,社会と発達

子どもの成長発達は,我々が生きている環境,社会の影響を受けています。我々の価値観・意識とともに,物理的な環境,法令・制度,文化もまた時代とともに変容していく,そのただ中に子どもはいるのです。

発達心理学者ブロンフェンブレンナーは,個人は生態学的にいくつもの「入れ子システム」において,変化しつつある生活場面が相互に影響を及ぼし合いながら発達が進むとする生態学的発達理論を提唱しました。そのシステムとは,マイクロシステム(個人が日常生活で直接やりとりをする行動場面),メゾシステム(個人が積極的に参加している複数の行動場面,マイクロシステムに属する環境同士の相互作用),エクソシステム(個人は直接の参加者として含まれていないが,間接的に影響を及ぼしうるような行動場面。具体的には,親の職場,家族の友人,各種行政サービスなど),マクロシステム(普段意識されることは少ないが諸々のシステムに一貫性を与える信念体系やイデオロギー,下位文化。国家や民族,宗教,文化,社会階層などによって異なる),そしてクロノシステム(時間軸,社会的・歴史的出来事)から構成されています(ブロンフェンブレンナー,1996)。

自分を取り巻く環境や社会について,普段は意識せず自然なこととしてとらえていますが,これらのシステムから見てみると個人によって,時代によって,かなり異なってくるのではないでしょうか。

近年は,少子化・核家族化とともに乳幼児をもつ家庭の共働きの増加,

図1－4　ブロンフェンブレンナーの生態学的システムモデル（向田，2017）

　保育の長時間化，入園時期の低年齢化など子どもを取り巻く社会，環境
が変化し，園に求められる役割・機能も多様なものとなっています。乳
幼児期の子どもが一日の大半を過ごす場として，制度としての幼稚園・
保育所・こども園の役割や機能はより一層重要なものとなっています。

　子どもが地域社会で健やかに遊ぶ中で，仲間関係・友達関係が広がり，
好奇心を発揮し試行錯誤しながら夢中・没頭する場，創造性を発揮する
場となっていくために，どのようなことが必要となるでしょうか。続く
後の章でも考えていきたいと思います。

参考HP

- 幼稚園教育要領（文部科学省，2017）
  https://www.mext.go.jp/content/1384661_3_2.pdf （2020年7月現在）
- 保育所保育指針（厚生労働省，2017）
  https://www.mhlw.go.jp/file/06-Seisakujouhou-11900000-
  Koyoukintoujidoukateikyoku/0000160000.pdf （2020年7月現在）
- 幼保連携型認定こども園教育・保育要領（内閣府／文部科学省／厚生労働省，
  2017）
  https://www8.cao.go.jp/shoushi/kodomoen/pdf/kokujibun.pdf （2020年7月現在）

引用文献

ヨハン・ホイジンガ（著），里見元一郎（訳）（2018）『ホモ・ルーデンス：文化の
もつ遊びの要素についてのある定義づけの試み』講談社

文部科学省（2019）幼児教育の実践の質向上に関する検討会　参考資料「幼児教育
の現状（令和元年10月23日）」
https://www.mext.go.jp/content/1421925_08.pdf （2020年7月現在）

文部科学省（2016）「幼児教育部会における審議の取りまとめについて（報告）（平
成28年8月26日）」
https://www.mext.go.jp/b_menu/shingi/chukyo/chukyo3/057/sonota/
__icsFiles/afieldfile/2016/09/12/1377007_01_4.pdf （2020年7月現在）

向田久美子（2017）『新訂 発達心理学概論』放送大学教育振興会

日本学術会議　子どもを元気にする環境づくり戦略・政策検討委員会（2007）「我
が国の子どもを元気にする環境づくりのための国家的戦略の確立に向けて」
http://www.scj.go.jp/ja/info/kohyo/pdf/kohyo-20-t39-4.pdf （2020年7月現在）

日本保育学会保育臨床相談システム検討委員会（編）（2011）『地域における保育臨
床相談のあり方：協働的な保育支援をめざして』ミネルヴァ書房

大屋霊城（1933）「『都市の児童遊場』の研究」『園芸学会誌』第4巻，第1号，一般社団法人園芸学会

仙田満（1984）『こどものあそび環境』筑摩書房

植木朝子（編訳）（2014）『梁塵秘抄』筑摩書房

ユリー・ブロンフェンブレンナー（著），磯貝芳郎・福富護（訳）（1996）『人間発達の生態学：発達心理学への挑戦』川島書店

渡辺京二（2005）『逝きし世の面影』平凡社

学習課題

1．幼稚園教育要領，保育所保育指針，幼保連携型認定こども園教育・保育要領を読み，本章で取り上げた箇所について確認をしましょう。さらに，幼稚園・保育所・こども園それぞれの施設の目標を比較しましょう。

2 | 子どもの発達

《目標とポイント》 生涯発達の視点からみた乳幼児期の特徴について理解
し，乳幼児期の発達に関する理論を学びます。さらに園の子どもの成長発達
と教育・保育について考え，保育者としての視点を学びます。
《キーワード》 乳幼児期から児童期の発達，発達段階，保育と発達過程

1. はじめに：生涯発達からみた"子ども"

「子ども」といっても，その年齢や成長発達の段階で異なる特徴がみ
られます。法律上は満18歳に満たない者を児童といいますが（児童福祉
法第4条），発達心理学では，生活史上の区分や発達上の特徴，課題と
あわせて，胎児期・新生児期（受精〜生後1ヵ月），乳児期（生後1〜
18ヵ月），幼児期（生後18ヵ月〜就学前），児童期（小学校入学〜卒業），
青年期（中学校入学〜24歳），成人期（25〜59歳），前期高齢期（60〜74
歳），後期高齢期（75歳〜）のように区分しています（高橋ら，2012）。

発達心理学における生涯発達心理学的視点は，ドイツ生まれのアメリ
カの心理学者エリクソンのライフ・サイクル論にその大きな源流を求め
ることができるでしょう（子安，2011）。

エリクソンは精神分析を専門にしたフロイトの業績を受け継ぎ，社会・
文化的視点を取り入れ，生涯にわたる人間の自我に関する心理社会的発
達（危機）の図式を8つの段階で描きました（図2−1）。それぞれの

		1	2	3	4	5	6	7	8
Ⅷ	老年期								自我の統合 対 絶望
Ⅶ	中年期							世代継承性 対 自己陶酔	
Ⅵ	成人初期						親密性 対 孤立		
Ⅴ	思春期 青年期					アイデンティティ 達成 対 アイデンティティ 拡散			
Ⅳ	児童期				勤勉性 対 劣等感				
Ⅲ	幼児後期			自発性 対 罪悪感					
Ⅱ	幼児前期		自律性 対 恥・疑惑						
Ⅰ	乳児期	基本的信頼感 対 不信感							

図2－1　エリクソンによる個体発達分化の図式（Erikson, 1950；森田, 2013）

時期に現される，課題が達成されれば適応的な道筋に進み次の段階の基礎となると考えました。

　乳幼児期から児童期を中心に取り上げてみましょう。

　乳児期（Ⅰ）の基本的信頼感の獲得対不信感の克服の段階において，乳児は養育者の保護の下，快適で安心して生活していく環境，養育者の豊かで深い愛情に満ちた環境であれば，養育者や周りの環境を信じられるという基本的信頼感を形成し，その後の発達の基盤となると考えました。

　次の幼児前期（Ⅱ）の自律性とは，自分のことは自分でできるという感覚を持つことであり，自己への信頼感を形成する基盤となります（梅澤，2015）。例えばトイレットトレーニングなどの基本的生活習慣にお

いて，養育者の援助を受けながら自分の身体をコントロールできると成長の一歩と感じる一方で，うまくできなかったという恥ずかしさの感覚は次にできないかもしれないという自信喪失の感覚，恥と疑惑との裏腹にあるといえます。

　次の幼児後期（Ⅲ）では，周囲の様々な事柄に好奇心を発揮して主体的に環境に関わり，自分でやってみたいという感覚が生じてくる一方で，まだできないことも多く失敗して叱られたりすることで迷惑をかけるなど罪悪感を感じる場合，自分でやってみようとする主体性が減少していくかもしれません。

　次の児童期（Ⅳ）は近隣や学校という場で，自分の役割や課題に挑戦し成し遂げることに喜びを感じる一方，うまく成し遂げられず何をしても自分はできないといった不全感，自信のなさなどから劣等感を感じることにもつながります。

　実際には，個人の多様な進行の仕方があり，先に進みすぎたり横道にそれたり，後戻りをしたり，遅滞・退行もあり，葛藤の解決の仕方によって経路をたどりますが，どの経路をたどるかは当人のチャート全体に影響すると考えます（伊藤，2012）。エリクソンは，青年期（Ⅴ）をアイデンティティの達成（自我の同一性）とアイデンティティの拡散の葛藤の時期としました。

　乳幼児期は生涯にわたる成長発達の基礎として位置づけられる，重要な時期だといえるでしょう。

2. 発達段階とその特徴

（1）胎児期・新生児期・乳児期

　少しさかのぼり，生まれる前の成長発達にも着目してみましょう。卵子と精子が受精し，受精卵（胚）となって細胞分裂を繰り返し，1週間

程かけて子宮へと移動し，数日かけて子宮内膜に埋め込まれます（着床）。受精卵は直径約0.1mmです。着床後，胚の成長は一気に加速し，3週目終わりには皮や骨はないものの体の原型構造がおぼろげに出来てきます。着床から胎生8週（妊娠週数10週）までを胎芽期（胚子期），胎生8週以降から出生までを胎児期と呼びます（図2－2，章末注参照）。

　この過程で起きた異常が生み出す病態は，先天異常といわれています。例えば21番染色体のトリソミーはダウン症候群として知られています。薬物による先天異常の例は，1950年代後半から60年代にかけて妊婦が服用したサリドマイド薬剤により胎児に体肢の形成異常が発生したケースがあり，日本でも社会問題となりました（山科，2019）。統計的にみて，

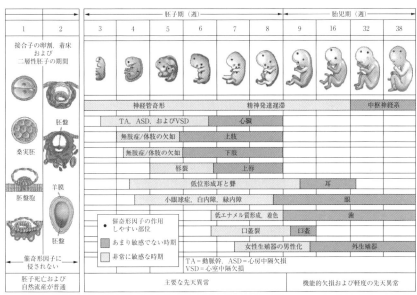

図2－2　受精から誕生にいたるヒトのそれぞれの器官の発生時期
（Moore & Persaud, 2011）

先天異常の遺伝的要因は30％，化学物質やウイルスの感染などの環境的要因は15％，残りの55％は遺伝因子や環境因子が複雑に絡みあった結果発生するといわれています（Sadler，2016）。また，受精後，3週以降から8週までにヒトの器官の原基ができ，発達し続ける時期であるため，この時期に発生毒性に暴露されると対応する器官の発達に異常を見ることが多いといわれています。心臓や中枢神経系は3～6週，上肢・下肢は4～6週，歯や口蓋は6～8週，外生殖器は7～8週が感受性の高い時期（感受期）だといわれていますが，この時期以外だと安全かというとそうではなく，また用量によります（山科，2019；塩田，2002）。母親の喫煙は子宮内発育遅延をきたし，大量喫煙者（1日20本以上）では喫煙しない母親より未熟産の頻度が2倍多く新生児の体重が正常よりも少ないことが知られています（Moore & Persaud，2011）。赤ちゃんが生まれる時期，正期産は妊娠37週0日から妊娠41週6日までの出産のことをいいます。日本では妊娠22週0日から妊娠36週6日までの出産を早産，妊娠22週未満の出産は流産といい，早産と区別します（公益社団法人日本産科婦人科学会HP，2018）。

　胎児期において，五感（聴覚，視覚，触覚，嗅覚，味覚）のうち1番早く発達するのが聴覚といわれ，受精6週で耳のもととなる穴ができ，20～21週で聴覚を伝える聴神経が脳とつながり，24週には聴覚器官が完成し母親の内臓や血流の音，腹壁の向こうの外界の音が入ってきており，誕生前には母親の声の抑揚やリズムなどをきいているといわれています（小椋，2019）。生後1日の新生児に様々な音をきいてもらうと，母親の声や母国語などをある程度区別していました（DeCasper & Fifer，1980）。また，ファンツ（1961，1963）の実験では，乳児に様々な図形パターンをみせ注視時間を測定したところ，顔図形などを好んで選好注視することを見出しました。その時期に応じてある程度複雑な図形，動

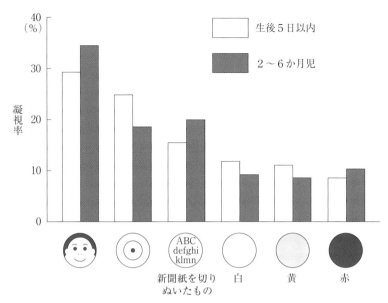

図2－3　ファンツの実験（Fantz, 1961, 1963）

くものなども好んで見ています（図2－3）。

　このように，乳児は外界と関わりをもつ存在だということがわかります。

　多くの人は赤ちゃんを見てかわいらしさを感じ，つい笑いかけたり関わりたくなることがあります。動物行動学者ローレンツ（1943）はその形態的・行動的特徴を調べています。体に対し大きな頭部，前に突き出した大きい額，目が大きく丸く顔の中心の位置にあり，鼻と口が小さく頬がふくらんでいる，体がふっくらして手足がみじかくずんぐりとし，動作がぎこちないなど，こうした特徴はベイビーシェマ（幼児図式）と呼ばれています（図2－4）。こうした赤ちゃんらしさが大人の保護や世話を引き起こしやすくするといわれています。

　赤ちゃんは周囲の環境と積極的に関わり，養育を受け，人との関係を結ぼうとする力を持って生まれてくるのです。

　生後1年間で，運動面の発達，身体行動や運動量は変化し，言葉の発達も意味のある語を話すようになります（図2−5。第5・6章も参照）。

（2）乳幼児期から児童期の認知発達

　乳幼児期にかけて，子どもの自己の発達，社会情動，運動，認知，言葉，人間関係など，様々な発達の諸側面がさらに著しく発達します。

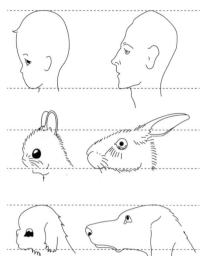
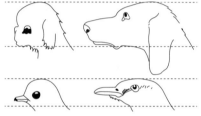

図2−4　幼児図式(baby schema)
(Lorenz, 1943)

　ピアジェは子どもの言語，判断と推論，世界観，因果関係の認識，道徳判断などをめぐる一連の発達研究をおこない，また幼児教育にも多くの影響をおよぼしました（森田，2013）。

　ピアジェは，適応過程において，同化と調節を考慮しなければならないとしています。同化とは，外的な諸事象を自分の持っている認識の枠組みにあうように取り入れることです。調節は外的な諸事象に応じて自分の持っている構造を変化させることです。そして，人間の思考は感覚運動期，前操作期，具体的操作期，形式的操作期の段階を経て発達していくとする認知発達の段階，そして各段階における行動特徴を様々な実

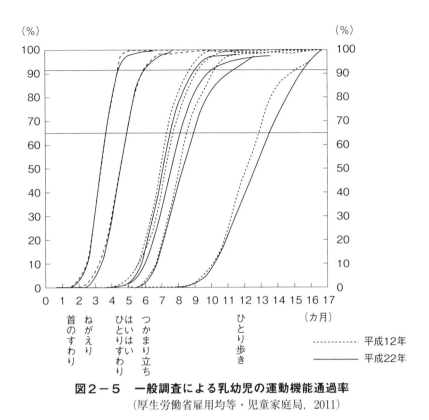

図2－5　一般調査による乳幼児の運動機能通過率
（厚生労働省雇用均等・児童家庭局，2011）

験などから示しました（表2－1）。

　ピアジェが個人としての認知発達の変化に着目したのに対し，ヴィゴ
ツキーは他者との相互作用による社会的文脈に起点をおいています。よ
りスキルを持ち熟達した他者との共同場面において，問題解決が導き出
されるとしました（Rogoff, 1990）。ヴィゴツキーは現在生成しつつあり
発達し始めたばかりの過程も考慮しています。子どもの発達水準を，子
どもが自分一人でできる現在の発達水準と，そして自分一人だけではで

表2－1　ピアジェの認知発達的段階と各段階の子どもの思考特徴

発達段階	年齢の範囲	達成可能な典型と限界
感覚運動的段階 （誕生～2歳）	誕生～1ヵ月	反射的な活動（シェマ）を行使し外界を取り入れる。
	1～4ヵ月	第一次循環反応（自己の身体に限った感覚運動の繰り返し），行為の協応。
	4～8ヵ月	第二次循環反応（第一次循環反応の中にものを取り入れての繰り返し），視界から消えるとその対象を探索しようとしない。
	8～12ヵ月	第二次循環反応の協応，隠された対象を探す，しかし最後に隠された場所でなく，最初にあった場所を探す。
	12～18ヵ月	第三次循環反応（循環反応を介し，外界の事物に働きかけ，外界に変化をもたらす自分の動作に興味を持つ），目と手の協応動作が成立。
	18～24ヵ月	真の心的表象の始まり，延滞模倣。
前操作的段階 （2～7歳）	2～4歳	記号的機能の発現，ことばや心的イメージの発達，自己中心的コミュニケーション。
	4～7歳	ことばや心的イメージのスキルの改善，ものや事象の変換の表象は不可能。保存問題や系列化やクラス化の問題に対し一つの知覚的次元で反応（判断）。
具体的操作段階 （7～12歳）		具体物を扱う限りにおいては論理的操作が可能になる。ものや事象の静的な状態だけでなく変換の状態をも表象可能，外見的なみえに左右されず保存問題や系列化やクラス化の問題解決が可能，だが科学的な問題や論理的変換のようにあらゆる可能な組合せを考えねばならぬ問題には困難を示す。
形式的操作段階 （12歳～）		経験的事実に基づくだけでなく，仮説による論理的操作や，命題間の論理的関係の理解が可能である。より抽象的で複雑な世界についての理解が進み，たとえば，エネルギーの保存や化学的合成に関するような抽象的概念や知識が獲得される。

（丸野，1990）

きないが教師や親，自分よりも能力の高い仲間など，他者の助けをかりればできる発達しつつある水準，すなわち発達の最近接領域，の二つの水準から考えることを提唱しました（ヴィゴツキー，2003）。

　そして，ヴィゴツキーの考えをもとに提唱された「足場かけ（scaffolding，スキャッフォルディング）」（Wood, Bruner, & Ross, 1976）という考え方が，保育，教育の場でも用いられています。大人やより優れた熟達者が，足場をかけ，学習者が独力でできるようになるにつれそれを外していくという支援です。

3.　保育と発達過程

　幼児教育・保育の場の保育者は，乳幼児を育て援助・指導していく際，どのようなねらいをもってはたらきかけるのでしょうか。幼稚園教育要領，保育所保育指針，幼保連携型認定こども園教育・保育要領では，乳幼児の発達の諸側面を総合的に捉えます。その際，心身の健康に関する領域「健康」，人との関わりに関する領域「人間関係」，身近な環境との関わりに関する領域「環境」，言葉の獲得に関する領域「言葉」，感性と表現に関する領域「表現」の5領域からねらいを示し，園生活全体を通して子どもが様々な体験を積み重ねる中で相互に関連を持ちつつ次第に育まれていくこととしています。

　保育所保育では，幅広い年齢を対象としています。保育所保育指針（平成29年告示）では，乳児保育（0歳児保育），1歳以上3歳未満児の保育，3歳以上児の保育といったように発達過程に沿って示されています。この年齢について，暦年齢ではなく発達上の連続性，発達のつながりであることが重要です。また，乳児保育は5領域に分けて記述されるのではなく，「健やかに伸び伸びと育つ」，「身近な人と気持ちが通じ合う」，「身近なものと関わり感性が育つ」というように5領域が重なり合い複合的・

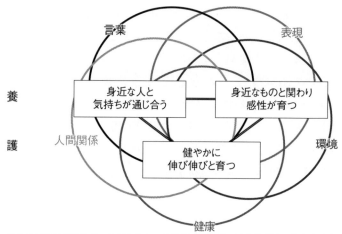

※生活や遊びを通じて，子どもたちの身体的・精神的・社会的発達の基盤を培う

図2－6　0歳児の保育内容の記載のイメージ
（厚生労働省社会保障審議会児童部会保育専門委員会，
2016）

総合的に捉えられるように示されています（図2－6）。

　改訂（定）の背景となる近年の国際的動向には，自尊心や自己制御，忍耐力といった社会情動的スキル，いわゆる非認知能力が乳幼児期から培われ，その後の成長発達に大きく影響を与えるという縦断研究の成果があります（厚生労働省，2016；秋田，2016）。生涯発達，生涯学習の重要性や幼児教育・保育におけるカリキュラムとの関係は，今日的課題となっています。

〉〉注

　日本では赤ちゃんがお腹の中にいるのは「十月十日（とつきとおか）」など表現していますが，発生学では胎齢について，受精が起きた日を 0 日目とし後の週数とする方法（受精齢）が活用されています。この場合受精後38週目あたりが出産予定日となります。しかし，実際に受精日を特定することは困難なため，産科や臨床医学などでは妊娠期間の計算方法として妊娠に先立つ最後の月経（最終月経）がはじまった日を妊娠 0 週目とし，以降 4 週を 1 ヵ月と計算する方法（月経齢）が採用されています。

参考HP

・幼稚園教育要領（文部科学省，2017）
　https://www.mext.go.jp/content/1384661_3_2.pdf　（2020年 7 月現在）
・保育所保育指針（厚生労働省，2017）
　https://www.mhlw.go.jp/file/06-Seisakujouhou-11900000-
　Koyoukintoujidoukateikyoku/0000160000.pdf　（2020年 7 月現在）
・幼保連携型認定こども園教育・保育要領（内閣府／文部科学省／厚生労働省，2017）
　https://www.8.cao.go.jp/shoushi/kodomoen/pdf/kokujibun.pdf　（2020年 7 月現在）

参考文献

・森口佑介（2014）『おさなごころを科学する：進化する幼児観』新曜社
　　乳幼児期の子どもの研究について，主要な内容をわかりやすく整理し解説しています。
・心理科学研究会（編）（2019）『新・育ちあう乳幼児心理学：保育実践とともに未来へ』有斐閣

乳幼児期の主要な心理学の理論をエピソードとともに紹介し，保育者として学ぶテーマも取り上げています。

・公益社団法人日本産科婦人科学会（編著）（2018）『HUMAN + 　女と男のディクショナリー　改訂第二版』

http://www.jsog.or.jp/public/human_plus_dictionary/book_vol2.pdf 　（2020年 7月現在）

医学的見地から，思春期から老年期まで各年齢の女性に知っておいてほしい事柄がわかりやすくまとめられています。家族の健康の問題を知りたい方，男性女性に関わらず読むことで知識が得られる冊子。公益社団法人日本産科婦人科学会のHPからダウンロードできます。

引用文献

秋田喜代美（2016）「研究の目的と実施体制」『子どもの挑戦的意欲を育てる保育環境・保育材のあり方　調査研究シリーズ』No.62，11-19，公益財団法人日本教材文化研究財団

De Casper, A.J., & Fifer, W.P. (1980) Of human bonding: Newborns prefer their mother's voice. Science, 208, 1174-1176.

Erikson, E.H. (1950) Childhood and Society. W.W.Norton. 1（エリクソン，E.H.（著），仁科弥生（訳）（1977/1980）『幼児期と社会1・2』みすず書房）

Fantz, R.L. (1961) The Origin of Form Perception. Scientific American, Vol. 204, No.5, 66, 66-72.

Fantz, R.L. (1963) Pattern vision in newborn infants. Science, 140, 296-297.

伊藤美奈子（2012）「アイデンティティ」　高橋惠子・湯川良三・安藤寿康・秋山弘子（編）『発達科学入門3　青年期〜後期高齢期』東京大学出版会

J.ピアジェほか（著），森楙（監訳）（2013）『遊びと発達の心理学』黎明書房

公益社団法人日本産科婦人科学会HP（2018）「流産・切迫流産」http://www.jsog.or.jp/modules/diseases/index.php?content_id=4　（2020年 7 月現在）

厚生労働省雇用均等・児童家庭局（2011）「平成22年　乳幼児身体発育調査報告書」 https://www.mhlw.go.jp/file/04-Houdouhappyou-11901000-Koyoukintoujidoukateikyoku-Soumuka/zenntai.pdf　（2020年 7 月現在）

厚生労働省社会保障審議会児童部会保育専門委員会（2016）「保育所保育指針の改定に関する議論のとりまとめ（平成28年12月21日）」 https://www.mhlw.go.jp/file/05-Shingikai-12601000-Seisakutoukatsukan-Sanjikanshitsu_Shakaihoshoutantou/1_9.pdf　（2020年 7 月現在）

子安増生（2011）「発達心理学とは」　無藤隆・子安増生（編）『発達心理学 I 』東京大学出版会

Lorenz, K.（1943）Die angeborenen Formen möglicher Erfahrung Innate forms of potential experience. Zeitschrift für Tierpsychologie, 5(2), 235-409

丸野俊一（1990）「認知」　無藤隆・高橋惠子・田島信元（編）『発達心理学入門 I ：乳児・幼児・児童』東京大学出版会

Moore, K.L & Persaud, T.V.N（著），瀬口春道・小林俊博・Saz, E.G.d（訳）（2011）『ムーア人体発生学　原著第 8 版』医歯薬出版

森田愛子（2013）「心の一生をどう捉えるか」　岡本祐子・深瀬裕子（編著）『エピソードでつかむ生涯発達心理学』ミネルヴァ書房

小椋たみ子（2019）「言葉」　小椋たみ子・遠藤利彦・乙部貴幸（著），一般社団法人日本赤ちゃん学協会（編集）『赤ちゃん学で理解する乳児の発達と保育　第 3 巻』中央法規出版

Rogoff, B.（1990）Explanations of Cognitive Development Through Social Interaction: Vygotsky and Piaget. Apprenticeship in Thinking Oxford University Press. 137-150.

Sadler, T.W.（著），安田峯生・山田重人（訳）（2016）『ラングマン人体発生学　第11版（原書第13版）』メディカル・サイエンス・インターナショナル

塩田浩平（2002）「化学物質の生殖・発生毒性」　公益社団法人日本農芸化学会（編集）『化学と生物』Vol.40, No.4, pp263-268

高橋惠子・湯川良三・安藤寿康・秋山弘子（編）（2012）『発達科学入門 1 　理論と方法』東京大学出版会

梅澤実（2015）「乳幼児の発達課題」　岡崎友典・梅澤実（編著）『新訂　乳幼児の保育・教育—乳幼児を育てるということ—』一般財団法人放送大学教育振興会

ヴィゴツキー（著），土井捷三・神谷栄司（訳）（2003）『「発達の最近接領域」の理論：教授・学習過程における子どもの発達』三学出版

Wood, D., Bruner, J.S., & Ross, G.（1976）The role of tutoring in problem solving. Journal of Child Psychology & Psychiatry and Allied Disciplines, 17, 89-100

山科正平（2019）『BLUE BACKS　カラー図解　人体誕生　からだはこうして造られる』講談社

学習課題

1．幼稚園教育要領第2章「ねらい及び内容」，保育所保育指針第2章「保育の内容」，幼保連携型認定こども園教育・保育要領第2章「ねらい及び内容並びに配慮事項」などを読み，5領域を確認しましょう。

3 | 子どもと環境

《**目標とポイント**》 環境を通しての保育や保育者の役割について学びます。また，領域「環境」のねらいにふれ，必要な環境構成について事例を通して理解します。

《**キーワード**》 保育者の役割，環境を通した保育，環境構成

1. 幼児教育・保育における環境とは

(1) 環境を通しておこなう教育・保育

　心身ともに成長発達する乳幼児期の子どもにふさわしい環境とはどのようなものなのでしょうか。まず，平成29年に告示された幼稚園教育要領，保育所保育指針，幼保連携型認定こども園教育・保育要領に記載されている内容をみてみましょう（次頁，下線部は筆者による）。

　基本として，園での教育・保育はその環境を通しておこなうものとされています。では，環境とは何を指すのでしょうか。

　幼児教育・保育において，環境とは子どもが自分を取り巻く身近な環境で出会うヒト・モノ・コト，であると言われています。保育者やクラスの仲間，友達，教職員，地域の人などの人的環境があり，保育者は最も重要な環境と言えるでしょう。物的環境は，遊具，教材教具，自然物など，様々なものがあります。しかし，子どもが身近に触れ関われる場所にあり，生活の中で取り扱い遊びの中で取り入れることで，その存在

> **幼稚園教育要領　第1章「総則」　第1「幼稚園教育の基本」**
>
> 　幼児期の教育は，生涯にわたる人格形成の基礎を培う重要なものであり，幼稚園教育は，学校教育法に規定する目的及び目標を達成するため，幼児期の特性を踏まえ，<u>環境を通して</u>行うものであることを基本とする。
>
> **保育所保育指針　第1章「総則」　1「保育所保育に関する基本原則」**
> 　　　　　　　　　　**(1)「保育所の役割」**
>
> イ　保育所は，その目的を達成するために，保育に関する専門性を有する職員が，家庭との緊密な連携の下に，子どもの状況や発達過程を踏まえ，保育所における<u>環境を通して</u>，養護及び教育を一体的に行うことを特性としている。
>
> **幼保連携型認定こども園教育・保育要領　第1章「総則」　第1**
>
> 　(略)就学前の子どもに関する教育，保育等の総合的な提供の推進に関する法律（平成18年法律第77号。以下「認定こども園法」という。）第2条第7項に規定する目的及び第9条に掲げる目標を達成するため，乳幼児期全体を通して，その特性及び保護者や地域の実態を踏まえ，<u>環境を通して</u>行うものであることを基本とし，家庭や地域での生活を含めた園児の生活全体が豊かなものとなるように努めなければならない。

が経験となるのです。また，行事や季節，物事の仕組みや性質，現象など，子どもが経験する事象も環境となります。子どもが様々なヒト・モノ・コトにどのように出会うのか，空間や場，時間等，保育者が丁寧に考え，環境として構成することが必要です。次の事例をみてみましょう。

事例3-1：1歳児クラス5月砂場遊びと保育者の援助

　自然に触れる経験の少ない子どもが多い中で，五感で感じる遊びを体験してほしいと思い，砂に触れる経験を多くしていくことにしました。砂に座ると感触が嫌で抵抗がある子どもに，どのような環境の援助をしていけばよいのか考えました。まず，座り心地がよいように砂を少し掘

り，さらにシートを用意してその上に子どもを座らせ，保育者が砂で遊ぶ様子をみせてみることにしました。すると，シートから足をだし，そっと指先で触れはじめました。土をつまんでみたり，パンと手でおさえたり，楽しそうに土を触って見せている保育者をみて，安心できる保育者の傍で砂を触ってみようと気持ちが前向きになったのではないかと思います。その後，大きな山や砂のプリンを作ったり崩したりして楽しく遊び，段々とシートがなくても喜んで砂場に入るようになりました。砂に慣れてきた頃，保護者に協力をお願いし，汚れてもよい服装で登園してもらい泥遊びを楽しみました。

　初めて経験する際，好奇心を持って自分からどんどん関わりを持っていく子どもがいる一方，苦手意識や不安を感じる子どももいます。保育者が丁寧に一人一人と環境との関わりをよみとり，必要な経験ができるよう，子どもの動線を考えたり，興味関心を持てるよう物を置いたり，落ち着いて遊べるように遊びと遊びの間を話したりつなげたりして場を整えたりすることを環境構成といいます。また，子どもの興味関心の変化に沿って環境を再構成することもあり，子どもとともに構成するものであるといえます。

（2）環境構成と様々な保育者の役割

　先ほど紹介した幼稚園教育要領第1章総則の第1幼稚園教育の基本には，次のような保育者の基本的役割が明示されています（一部抜粋）。「幼児の主体的な活動が確保されるよう幼児一人一人の行動の理解と予想に基づき，計画的に環境を構成しなければならない。この場合において，教師は，幼児と人やものとの関わりが重要であることを踏まえ，教材を工夫し，物的・空間的環境を構成しなければならない。また，幼児一人

一人の活動の場面に応じて，様々な役割を果たし，その活動を豊かにしなければならない」とあり，この保育者の役割に関する文章は平成10年改訂時に加えられ，今回の改訂に至っています。

　子どもが自分を取り巻く環境としてのヒト・モノ・コト，空間や場，時間などに対し，発達プロセスに応じて子ども自ら試行錯誤しながら興味関心をもって探求し，感じ考える主体的な姿を尊重すること，そのために保育者は子どもと信頼関係を築き，直接的に関わるだけでなく，間接的に子どもの豊かな活動を支える環境を計画し構成すること，状況・文脈に応じて判断するなど，様々な役割を果たすことの大切さが示されています。

　無藤（2007）は保育者の様々な役割と働きについて5つの点から整理しています。まず，子どもから離れ間接的に働きかけ見ていく「用意し，見守り，支える」といった働きです。見守りは，ただ見ているだけではありません。こうしてほしいという思いやこうなってほしいという期待だけにとどまらず，子どもたちが興味関心を持って主体的に動き出そうとするような具体的な環境を考え，用意をし，子どもと環境との関わりから具体的な援助をしていくことが前提としてあるでしょう。そして，子どもに直接関与する働きとして「指導し，助言し，共に行う」という実践があります。声をかけたり，教えたり提案をしたり，一緒に活動をしたりしながら，関わっていくという働きです。次に，子どもの視点に立ってその気持ちをとらえ感情を共にする「共感し，受け止め，探り出す」働きです。このことは，子ども理解の視点として保育者に必要な基本的態度です。そして，「あこがれモデルとなる」働きです。保育者の立ち振る舞いや存在は，子どもに意識的にも無意識的にも影響力のあるものだといえます。事例3－1のように，具体的場面で楽しそうに関わる姿を見せることは，やってみたい，できるかもしれないという子ども

の意欲とつながっていきます。さらに広く，言葉遣いや態度，感性，雰囲気など，子どもが信頼する保育者から見て学ぶことはたくさんあるでしょう。そして最後にあげる役割とは，一人の保育者としてだけでなく園全体で保育し，理念やカリキュラムを共有しつつ業務を分担する「園のティームとして動く」働きです。ティームの一員として協働するという働きは，クラスで子どもと関わり一人で実践の力量を高めていくだけではなく，保育の専門家集団の中で互いの実践の意味を振り返り，方向性を共有し，学びあい支えあうことを含んでおり，保育者の専門的発達と保育の質の向上にとって重要な機能を果たします。子どもにとって保育者とは，子どもとの温かい関係の中で長い目で良さや可能性を捉える共感的な理解者であり，子どもの視点にたって共鳴しあう共同作業者など様々な役割を果たす役割が求められますが，その背景には保育者同士で共に支え合い学び合う中で子ども理解をおこない，自覚的に自分の実践を課題として捉え，保育者たち一人一人の良さが引き出され課題を共有していこうとする園全体の雰囲気が求められているのです。子どもを育む存在としての保育者は，同時に自らが育まれ育つ存在でもあるのです。

2. 領域「環境」におけるねらい

　要領・指針に示される保育のねらい及び内容の5領域のうち，領域「環境」には「周囲の様々な環境に好奇心や探究心をもって関わり，それらを生活に取り入れていこうとする力を養う」とあります。満3歳以上のねらいとして，「(1) 身近な環境に親しみ，自然と触れ合う中で様々な事象に興味や関心をもつ。(2) 身近な環境に自分から関わり，発見を楽しんだり，考えたりし，それを生活に取り入れようとする。(3) 身近な事象を見たり，考えたり，扱ったりする中で，物の性質や数量，文字な

どに対する感覚を豊かにする。」と述べられています。次の事例を見てみましょう。

事例３－２：ぐりぐりしてみる（４歳）

　子どもたちは園庭の草花でよくおままごとをしたりして遊んでいましたが，採って集めて満足するだけでなく，さらに草花に興味関心が深まるようにと思い，保育者は小さなすり鉢とすりこぎを用意し，子どもと一緒にやってみました。すると，子どもたちは「ぐりぐりしてみる！」と様々な花，実，種などをみつけすって水をいれてみます。つぶすと色が変化したり，においが強く出たり，力の入れ具合も難しく，発見だらけです。道具が人気で取り合いになる時もありましたが，回を重ねて相談し順番や置き場所を決めたりしました。最初は各々一人ひとり夢中になって取り組んでいましたが，次第に仲の良い友達と見合いながら「色がきれい！」「このにおいがいい」「この葉っぱはつぶしにくい」「こうやるとできる」など，比べたり，混ぜて試したり，アドバイスを送ったりする姿がみられました。遊んでみたい草花や実など，家から持って来たり，散歩に行った時に「これぐりぐりしたらどんなのになるかな」と園に持ち帰り，すぐに試します。花びらはきれいでも，ぐりぐりしてみたら違う色になったことに気付いたこともありました。色水へと発展したので，透明の容器を用意したところ，できた色水を入れて楽しんでいます。徐々に「友達とまぜたらどうなるだろう」「混ぜたら違う色になった」「それちょうだい」など，共有する楽しさを感じることができたようです。

　園庭の草花は色や数に限りがあるため，皆であさがおを育て大切にしながらも遊ぶ試みをしました。芽が出た，つぼみが開いたなど毎日の発見を子どもが気付くまで待ち，それとなく会話にして一緒に楽しみまし

た。大きな模造紙に成長を描いてみると，種植えから双葉が出て「ちょうちょみたい」「つるつるとざらざらしてた」など，触って感じたり思い出したり，発見がありました。これは「あさがおちゃんコーナー」と名付けられました。たくさんのあさがおが咲き，たっぷりぐりぐりしてみました。とてもきれいな色が出たので，浸し染めにし，今までの成長の過程を感じながら飾ってみました。

　その後，種取りの経験がある子どもが種を発見し，そこから種探しが始まりました。皮をぱりっとはがすと数個の種が出て来る面白さから，黙々ととりつづける姿がみられました。たくさん集まった種をどうしようかとみんなで考えました。「入れ物に入れてテープで止めて，シャカシャカ鳴らすのは？」「おままごとのお豆とか，ごま塩のふりかけとかは？」など様々な意見が出ました。家庭にもご協力をお願いし，入れたい容器を持ってきてもらうと楽器作りへとつながりました。散歩にいって，入れたいものをみつけてくる子どもも。友達と音の違いに気付き，喜び，一緒に音を鳴らすことに楽しさを感じ「演奏会がやりたい！」という声があがりました。皆，やる気満々で遊びが続いていきます。

　子どもは周囲にある様々な環境に好奇心，探求心を持って関わり，人との関わりの中で刺激をうけ，日常生活に取り入れ，遊びこんでいきます。子どもが興味・関心を示し，知りたい，やってみたい，使ってみたい等々，子どもが誘われるよう具体的に子どもの身近に用意され吟味された保育材・活動・環境が，園で計画的に構成されていくことが重要です。

　子どもは体験を深める中で他児と一緒に協同し，さらに新たなことに気付き発見する喜び，伝え合う喜びを経験します。また，他児のようにやってみたいというあこがれを持ち真似る中で，どうしてもうまくいか

ない経験，自分だけでは解決できずに色々なアイディアを試し伝え合い
ながら試行錯誤する経験を通して，子ども自身が必要感を持って活用し
ようとします。例えば，丁寧に作って保存した泥団子を他クラスの子ど
もが知らずに壊してしまい困ったことから，絵や文字を使って看板を作
り，掲示して気付いてもらう姿があります。子どもが身近に感じ，大切
に思う気持ちから，飼っている生き物に名前をつけたり，○○ちゃんと
愛称で呼んだりする姿があります。園で育てた野菜を収穫した際に，子
どもが数えきれない量の多さに出会うこともあります。色，形，大きさ
などの見た目は一つひとつ違い，野菜を持ってみると手触りや重さの違
いに気付き，比べたり，並べて分けてみたり，数をシールで貼って示し
たり，絵に描いたり，自分の身体と比べてみたりする姿もみられます。
冬の寒い日に，氷ができると思ったのにできる場所とできていない場所
があることに気付いたことから，園庭の様々な場所においてできるかど
うか試し，次の日に確認してみる実験を遊びの中でやっています。園で
ピザを作る活動では，必要な食材を文字や図にして確認してみたり，ク
ラスやグループの人数から食材はどのぐらいの量が必要なのか，欠席人
数の確認や飲み物などを子どものアイディアから話し合い，考えてみる
姿もあります。保育者が子どもの興味関心を丁寧に拾いあげ，子どもの
姿を見守りながら計画的に関わり援助・指導することで，豊かな経験と
なっていきます。子どもの身近にあるありとあらゆる環境が，保育材と
なる可能性を秘めています。

3. 園の設置・運営，設備

　今まで，クラスの実践事例を中心に環境についてみてきましたが，よ
り広く園の設置や運営に関する法令上の設置等の基準についても，確認
をしておきましょう。表3-1には，保育所，幼稚園，幼保連携型認定

表 3 － 1　保育所・幼稚園・幼保連携型認定こども園の比較一覧

	保育所	幼稚園	幼保連携型認定こども園
所管省庁	厚生労働省	文部科学省	内閣府・文部科学省・厚生労働省
根拠法令	児童福祉法	学校教育法	就学前の子どもに関する教育・保育等の総合的な提供の推進に関する法律、児童福祉法
目的	保育を必要とする乳児・幼児を日々保護者の下から通わせて保育を行うことを目的とした施設（利用定員20人以上）	幼児を保育し、適当な環境を与えて、その心身の発達を助長すること	3歳以上の幼児に対する学校教育と、保育を必要とする乳幼児への保育を一体的に行い、適当な環境を与えて、その心身の発達を助長することを目的とした施設
教育・保育内容	保育所保育指針（平成29年3月告示）	幼稚園教育要領（平成29年3月告示）	幼保連携型認定こども園教育・保育要領（平成29年3月告示）
1日の教育・保育時間	8時間を原則とし、保育所長が定める	4時間を標準として各園で定める	保育を必要とする子どもに対する保育時間は8時間を原則
教諭・保育士の資格	保育士資格証明書	幼稚園教諭普通免許状　専修（大学院〈修士〉修了）　1種（大学卒）　2種（短大卒など）	保育教諭（幼稚園教諭免許状と保育士資格を併有することを原則。経過措置あり、併有促進のための特例措置あり）
職員配置基準	児童福祉施設の設備及び運営に関する基準　乳児：3人に保育士1人　1～2歳児：6人に保育士1人　3歳児：20人に保育士1人　4歳以上児：30人に保育士1人	幼稚園設置基準　1学級の幼児数は原則35人以下。1学級に教諭1人	幼保連携型認定こども園の学級の編成、職員、設備及び運営に関する基準　乳児：3人に保育教諭1人　1～2歳児：6人に保育教諭1人　3歳児：20人に保育教諭1人　4歳以上児：30人に保育教諭1人

施設基準			
園舎に関する規定はない	園舎は 1学級は180㎡ 2学級以上は、「320＋100×(学級数－2)」㎡以上		満3歳以上の園舎面積は幼稚園基準
保育室は 2歳以上児は保育室1.98㎡／人 0・1歳児乳児室1.65㎡／人以上 ほふく室3.3㎡／人以上 (特機児の多い地域では緩和できる特例措置あり)	保育室の数は学級数を下回ってはならない		乳児室・ほふく室、保育室又は遊戯室面積は保育所と同じ。 満3歳以上の保育室は学級数を下回ってはならない
屋外遊技場は 2歳以上児3.3㎡／人以上 一定の条件下で付近の適当な場所による代替も認める	運動場は 2学級までは330＋30×(学級数－1)㎡ 3学級以上400＋80×(学級数－3)㎡以上 同一敷地内か隣接を原則とする		園庭は同一敷地内または隣接地に必置 ①満2歳は保育所基準 ②満3歳以上の子どもは、幼稚園基準と保育所基準の大きい方
調理室は必置 調理業務の外部委託は可 特区において公立施設は3歳未満児の給食外部搬入は可	任意		調理室は必置 自園調理が原則 保育を必要とする子どもに対する食事の提供義務がある

(大豆生田・三谷、2020より筆者が抜粋)

こども園の設置・運営に関する基準の比較を簡単にまとめました。それぞれの施設種に設備及び運営に関する最低の設置の基準が設けられています。いわば，第三者から目に見える形で示される基準であり，保育の質にも関係します。

　また，「幼稚園施設整備指針（平成30年改訂）」といった指針があります。その中から，砂遊び場に関する記載のみ以下に抜粋してみましょう（第4章園庭計画第4）。

　1　砂遊び場
　(1)　安全面及び衛生面における維持管理に十分留意しつつ，適当な面積，形状，砂質等のものを確保することが重要である。
　(2)　日当たりが良く安全かつ効果的に利用できる位置に計画することが重要である。

　この指針では，園の施設整備に関する基本的事項が指針として示されています。しかし，さらに子どもの身近にあって取り扱う園具・教具，遊具，素材等をどのような観点で準備すればよいのか，実践の具体化については園毎の創意工夫に委ねられています。例えば「砂場」はどの園にもありますが，その場の特性に応じて具体的に構成を考えるのは園によってかなり異なっており，さらに子どもの遊びの可能性，広がりと深まりも違ってきます。砂の状態は子どもの力で掘れるようになっているでしょうか。子どもが山やおだんごなどを作る場合，そのための道具は十分にあり自由に子どもが手に取れる位置に置かれているでしょうか。置かれているものは，乳児期から幼児期の子どもにとって手に取りやすく手入れはされているでしょうか。スコップとシャベル，素材の違いなどによって子どもの活動の幅が違います。探求し試せる環境になっているでしょうか。ふるいなど目の粗さが違うものがあると，試したときに

土・砂の感触の違いを体験するきっかけとなります。さらにちょっとした作業机や座る場があることで，落ち着いて遊びを深めることができます。

　砂場の近くに机を置いておくことでその上で型ぬきでケーキを作り落ち着いて遊ぶことでままごとに発展したり，水場が近くにあることで水を流し水分量によって砂・土・泥の質感を感じたり，大きなバケツの型ぬきを置くことで5歳児を中心に一緒に協力しあって大きな山を作るなど，環境の構成と再構成により子どもの遊びが変化します（公益財団法人全日本私立幼稚園幼児教育研究機構 砂場研究チーム，2019）。砂は自由に形を作ったり変えたりできるので，多様な遊びにつながり，全身を使った遊びにも発展します。遊具には，シャベル，熊手，マス，ふるい，コップ，じょうろ，バケツ，スコップ，プリンカップ等の型ぬきやスプーン，お皿などの料理用具，汽車などの砂場用乗り物などの遊具・用具があることで砂としての素材を生かし様々なイメージで遊びを実現することができます。また塩化ビニール管，ホース，古タイヤ，廃材などはダイナミックな遊びにつながり，水をかけたりすることで様々な現象を体験し，砂の性質を体感することができます（文部省幼稚園課内幼稚園教育研究会，1998）。

　固定遊具や場，園具，道具，素材など，その特性と配慮事項を考えながら，子どもが安全に，かつ豊かな経験ができるように考えていくこと，具体的な実践を園全体で考えていくことが大切です。園の固定遊具では，怪我等の事故が発生する場合があります。園庭の設計や固定遊具の構造や配置，遊具等に関する配慮以外に，子どもの持ち物や服装が原因となる場合があります（図3−1）。安全管理における配慮も重要です。

　保育所保育指針解説の領域「環境」には，「保育所内外の自然や地域社会の人々の生活に日常的に触れ，季節感を取り入れた保育所の生活を

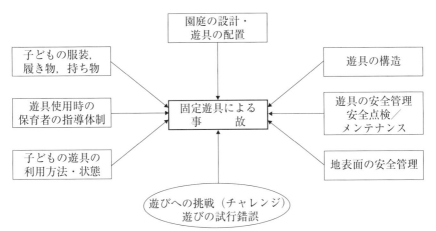

図3－1　幼稚園・保育所の固定遊具による事故原因
（荻須・齋藤・関口，2004）

体験することを通して，季節により自然や人間の生活に変化があること
に子どもなりに関心をもつようにすることが大切である」とあり，また
「保育所の外に出かけると，季節による自然や生活の変化を感じる機会
が多い。子どもが四季折々の変化に触れることができるように，園外保
育を計画していくことも必要である。かつては，地域の人々の営みの中
にあふれていた季節感も失われつつある傾向もあり，秋の収穫に感謝す
る祭り，節句，正月を迎える行事などの四季折々の地域や家庭の伝統的
な行事に触れる機会をもつことも大切である」とあります。

　地域に自然環境が少ない場合，園で植栽活動を取り入れることが子ど
もにとって多様な経験の一つとなるでしょう。園庭や保育室が狭く十分
な運動体験ができない場合，子どもが自分から体を動かしたくなるよう
な遊び環境の工夫がより求められます。保育において環境を考える際，
地域の特徴をふまえ地域資源を活かしていくことも大切ではないでしょ
うか。

48

引用文献

公益財団法人全日本私立幼稚園幼児教育研究機構 砂場研究チーム（2019）「砂場研究（2012-2018年度）中間報告書」
　https://youchien.com/ugf75l000000005w-att/sunaba.pdf　（2020年7月現在）
文部科学省大臣官房文教施設企画部（2018）「幼稚園施設整備指針　平成30年3月」
　https://www.mext.go.jp/content/1402617_001_100005254.pdf（2020年7月現在）
文部省幼稚園課内幼稚園教育研究会（編集）（1998）『幼稚園における園具・教具活用事例集』ぎょうせい
無藤隆（2007）「幼児教育の基本」　無藤隆（監修），福元真由美（編者代表）『事例で学ぶ保育内容〈領域〉環境』萌文書林
荻須隆雄・齋藤歖能・関口準（編）（2004）『遊び場の安全ハンドブック』玉川大学出版部
大豆生田啓友・三谷大紀（編）（2020）『最新保育資料集2020』ミネルヴァ書房

学習課題

1．滑り台について考えてみましょう。この課題の目的は，自分の遊びの経験を振り返ること，同じ固定遊具でも遊びは多様であることに気付くこと，安全管理に配慮しながら子どもの自由な発想で遊べるような環境構成を考えること，です。

　下記に示す参考文献も参考に，考えてみましょう。

・どのような楽しさがありますか？　可能な限り書き出してください。

・遊び方には，どのような留意点が想定されますか？　その際，安全面に配慮しつつもなるべく子どもが挑戦し自由に探究できるよう，あまり簡単に禁止や制限を設けすぎないように考えてください。

＜参考文献＞

・文部省幼稚園課内幼稚園教育研究会（編集）（1998）『幼稚園における園具・教具

活用事例集』ぎょうせい

　園の園具・教具の特性や配慮点など，環境を構成するための実践事例やポイントについてまとめられています。参考にしてみましょう。

・内閣府（2016）「教育・保育施設等における事故防止及び事故発生時の対応のためのガイドライン【事故防止のための取組み】〜施設・事業者向け〜」
https://www8.cao.go.jp/shoushi/shinseido/administer/office/pdf/s59-4.pdf
（2020年7月現在）

　重大事故が発生しやすい場面ごとの注意事項や事故が発生した場合の具体的な対応方法等について，各施設・事業者，地方自治体における事故発生の防止等や事故発生時の対応の参考となるように作成されています。

・秋田喜代美・石田佳織・辻谷真知子・宮田まり子・宮本雄太（2019）『園庭を豊かな育ちの場に：質向上のためのヒントと事例』ひかりのくに

　東京大学大学院発達保育実践政策学センター（cedep）がおこなった全国の幼稚園・保育園・認定こども園の園庭の調査研究による成果をもとに，園の工夫や質向上について事例とともに紹介しています。

4 | 子どもの生活と遊び

《目標とポイント》　遊びに関する様々な理論を学び，遊びを通した保育・教育の意義，方法論について解説します。また，遊びと遊び環境とのつながりについて理解します。さらに，乳幼児期のメディアとの接触について考えます。

《キーワード》　保育方法，遊びを通した保育・教育，遊びと学び

1. 遊びとは

(1) 様々な理論

　遊びとは何でしょうか。ヒトはなぜ遊ぶのでしょうか。遊びは楽しく面白いもの，というだけでは言い表せません。過去，多くの哲学者，研究者，教育者が「遊び」の定義について論じてきました（山田，1994）。例えば，遊びを引き起こすのは過剰エネルギーを基礎とするものだとしてシラー及びスペンサーが唱えた「過剰エネルギー説」，抑圧からの解放としての遊びに着目しフロイトらが唱えた「精神分析説」などがあります。カイヨワ（1990）は遊びの4区分，競争（アゴン；競い合いの中で規則のないものからサッカーやチェスなど競い合うもの)，偶然・運(アレア；じゃんけん，さいころ，賭け)，模擬（ミミクリ；子どもの模倣，空想の遊びから演劇など)，眩暈（イリンクス；子どものブランコからスキーなど，自分の内部器官に混乱や惑乱の状態を生じさせる）を提唱

し，これらを2つの相反する極，すなわち統制されていない即興や騒ぎ，気晴らしなどの無秩序で移り気な状態であるパイディア（Paidia，ギリシャ語で「遊戯」）と，努力，忍耐，器用さを伴い目標に到達できるような側面を持つルドゥス（Ludus，ラテン語で「闘技」「試合」）に配置させています。

　教育学者フレーベルは遊びを「子どもが自己の内面からの必要と要求とに応じて，自己の内面を自由に表現し，内面的のものを外に現したもの」としています。心理学者ブルーナー（1972）は遊びが学習を効率的なものにするため，現実の状況よりもより危険の少ない状況を通して必要にせまられていない行動の組み合わせを試みる機会を与え，それが高度な行動パターンの基礎を形成する機能を持つと指摘しています。

　年齢による遊びの変化を示したものとして，パーテン（1932）の遊びの分類がよく知られています。1人遊び，傍観遊び（他の子どもが遊んでいる様子をそばでみている），平行遊び（同じ場で同じような遊びをおこなうが平行的），連合遊び（やりとりしながら同じ遊びをする），共同遊び（ルール，イメージなどを共有し，役割分担をする遊び）などの遊びの中で，3歳頃までは平行遊びが中心で，5歳児までに次第に社会的な遊びへと発達するとしています。ただ，年齢による発達ではなく，5歳でも何か興味があることに夢中で取り組んでいると結果として1人で遊んでいる場合，遊び集団形成の中で1人遊びや傍観遊びをせざるを得ない状況になっている場合，最初平行遊びをすることで仲間入りを図る方略としての場合もあり，子どもの遊びをプロセスから丁寧にとらえる必要があります。

　「遊び」概念を追求する立場には2つの見方があるでしょう（山田，1994）。まず，遊びを活動主体から切り離し「ごっこ遊び」や「たこあげ」など活動の外的形態からとらえようとするもので，もう1つの見方は，

活動主体の意識や心理状態に目を向け，その状態によって遊びとみなすような「遊びになっている状態」をさすものとに分けて考えています。
　次の事例をみてみましょう。

事例４−１：“たたかいごっこ”　４歳児（６月）
　園で普段から３人で遊ぶことの多い男児Ａ児，Ｂ児，Ｃ児。午後の自由な遊びの中で，Ａ児が「たたかおうぜ！」とマットを引っ張って持ってきた。Ｂ児「いいよ！」，Ｃ児「おれ，ポケモン！」と笑顔で答える。Ｂ児が紙の剣でポーズをとってＡ児の前に行くと，Ａ児「違う，そうじゃない」とＢ児をつかむ。Ｂ児は笑顔でＡ児の体を切るふりをするが，Ａ児は「ちょっと，違う，おいて」と剣をとって置く。Ｂ児は笑顔ながら戸惑った顔をしている。Ａ児は「こうやってかまえるんだよ，こう」といい，パンチをみせ，「おれ空手習ってるんだ」とＢ児に構えをみせるが，Ｂ児はよくわかっていない様子で剣を再びかまえるが，Ａ児がのってこない。Ｃ児は「ポケモンごっこしようよ！」と２人のまわりでポーズをとっている。Ｃ児は別の遊びに行き，Ａ児とＢ児もなんとなくかみあわないまま遊びは終わり，別の場所へ。

　ごっこ遊びの中で，Ａ児にとっては習い事の中で得た知識や場面の再現でもあり，真剣な表情で教えようとしています。一方Ｂ児，Ｃ児にとってはたたかうというより自分が作った道具を遊びに取り入れ，かっこいいポーズをとってみたり，テレビなどを真似てみて楽しみたい様子だったので，この時はあまりかみあわず盛り上がらないままやりとりは終わりました。本気・真面目でありつつも，そうでない想像部分があり，子どもがたたかいのつもり，アニメの主人公のつもり，など，○○の“つもり”の世界，空想の世界を楽しむことに加え，その子どもの発達に応

じた現実社会の知識や経験などが少しずつ入りまじり合いながら遊びは
展開していきます。

　ごっこ遊びに至るまでに，大体18ヵ月頃までにふりや見立てが生じ，
20ヵ月前後に人形など相手に向けたごっこが出現し，３歳頃にはなりき
り遊びが多く見られます。４歳という年齢は「心の理論」を獲得する年
齢と言われ，自分が知っている目の前の現実と切り離して他者の心の状
態を推論したり，現実世界と異なるごっこの仮想的世界を仲間同士で楽
しむことができるようになり，遊びが豊かに展開すると考えられます。
年齢によって，衣装をつけたり，物を作って持ったりなど具体的な物が
あることでイメージが具体化され，よりごっこの世界や楽しさが共有さ
れやすくなります。また，言葉で「〜して遊ぼう」，「ここは工事現場」，
「今○○のつもりね」などと明言しながら，時に互いの要求や意図がぶ
つかり合いすれちがいながらも互いの思いや意図を分かち合い，妥協し
たり提案したり役割をとったりしながら遊びは展開していきます。神長
（2017）は，３，４，５歳のごっこ遊びについて，①なりきる・まねる・
憧れる，②なりきるために作る楽しみ：やりたい→またやりたい→もっ
とやりたいへ，③友達と関わる・友達がいるから楽しい，④一人ひとり
の良さを生かせる，という段階があるとしています。

　一般的に，遊びは，遊ぶことで満足する活動で，遊びの外に目標・目
的があるのではなく，遊びのプロセスそのものが重要であること，参加
する者たちの間で様々なやり方や新しい役割などが発生する柔軟性を持
ち，笑ったり喜んだりポジティブな情動をもたらすもので，より目的の
ある課題や学習との対比で語られ定義づけられることが多いようです
（Smith & Pellegrini, 2013；野口，2020）。

（2）「遊び」と「遊び込む」

遊びは，参加するメンバーの中で言葉等やりとりをかわし，互いにイメージやルール等を共有してそれを楽しみ，物別れに終わる場合もありますが，互いに試行錯誤したり工夫したり教え合ったりし，時間を忘れるほど夢中になって継続していくプロセスだといえるでしょう。遊びに向かう子どもの心理状態として重要だとされる点のひとつが，「夢中・没頭」です。

秋田（2009）は，「遊び」と「遊び込む」を区別することを提案しています。「ぶらぶらしていたり，もてあそばれたり，保育者に遊ばされている」状況では遊び込めているとはいえず，「遊び込んでいる」とは子どもが没入，集中し，子どもたちならではの発想によって遊びが展開継続している過程にある状態であり，遊びの素材を使いこなしわが物としていく状況だとし，子どもにとってそうした経験が重要だとしています。そのために，大人からみて一見無駄に見える繰り返しの時間や物が必要であり，大人の都合で時間・空間を切られた活動の中では十分に遊び込めず，遊びの決まりがたくさん決められていても子ども独自の発想での遊びは不可能となり，物や道具も使えるかだけでなくさらに量が十二分に用意され工夫すると深められる素材の質が保証されていなければわが物とできない，と述べています。子どもが夢中になり没頭して遊ぶ中で，主体的に環境と関わり，試行錯誤して自分なりに新たな方法を考え出し，そのことがさらに遊びを継続・発展させていけるような経験が必要なのです。

（3）遊び環境の4要素　空間，時間，方法，コミュニティ

近年では，時間を忘れて遊びに熱中することが少なく，難しくなっているといわれています。遊びの充実には，4つの要素があるといわれて

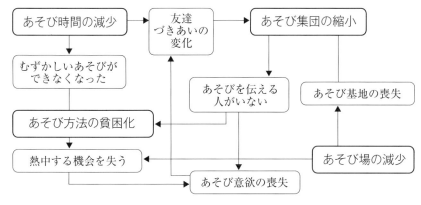

※ ——▶ は，影響を与えるものから与えられるものへ

図4－1　遊び環境の悪化の循環
（日本学術会議　子どもを元気にする環境づくり戦略・政策検討委員
会，2007）

います（図4－1）。遊び空間，遊び時間，遊び方法，遊びコミュニティ，
これらは相互に影響しあっており，どれか1つが悪化すると悪化の循環
を成す構図が示されています。面白い遊びを体験することで重層化し，
またやりたいと思って繰り返し，新しい遊びへと進化しますが，例えば，
幼児期からの習い事などが増え，遊び時間がなくなると遊びの友達・仲
間関係が変化し，地域のコミュニティではなく特定の関係の中で遊ぶこ
とになります。また時間が少なくなることで自由に試行錯誤したり新し
い方法を試したり挑戦する機会が減少し，短い時間でできる簡単な遊び
に取り組むことが主流となり，遊び方法が乏しくなり，熱中しなくても
できるため結果として意欲が減少します。子どもの遊び集団の中で自然
と見て真似て伝わるような事柄，伝承遊び，ルールなどにも触れる機会
が少なくなると予想されます。遊びに没頭した経験をもつ子どもは遊べ
ないことに不満をもちますが，そうでない子どもにとっては現状で満足

でき，特に問題も感じないままに機会を失います。

　遊びは子どもの社会文化的価値を反映し，また影響を受けています。子どもが住む地域でこれらの要素が悪化の循環をたどっているとすれば，子どもが一日の大半をすごす保育の場の遊びを保障することが大切となるでしょう。保育者による環境構成，言葉がけなどによる援助が"遊び込む"遊びにつながり，継続・発展し探究する中で試行錯誤や工夫，仲間の行動をみてこうなりたい・こうしてみたいなどのあこがれや目当てが生まれます。子どもの「遊ぶ」と「遊び込む」を質的な違いとしてとらえた時，保育の環境構成や配慮すべき事柄がかなり異なってきます。子どもが遊ぶ上で，遊具や玩具，道具，空間・時間がどのように構成されているかが，具体的な環境構成の検討が必要となります。

2. 教育方法としての遊び

　就学前の教育と学校教育の特徴を比較すると，前者が生活，遊びを通した豊かな経験を基礎とし，環境に対する子どもの主体性な関わりを通した非組織的な学習だとすれば，後者は教科を通した体系的・組織的な学習だと位置づけることができます。幼児教育において，遊びは重要なものであるという認識は共通しています（第1章参照）。園が教育機関の一つである以上，その生活で展開される遊びには何らかの意味，方向性があると考えてよいでしょう。しかし，遊びの実態や考え方は保育の場や園文化によって異なっています。

　遊びについて考える際，園の保育形態との関連性があります（表4－1）。日本の園は多様であり（無藤, 2003），その一つの要素として，様々な保育形態によって遊びのための時間や環境の設定の仕方が異なっています。大きなくくりとして，自由な遊びを主とする自由保育の園と，全員で同じ時間に同じ活動をおこなう一斉保育を主とする園があります。

表4－1　様々な保育形態

1．一斉保育：決められた活動グループの子どもたちが同じ時に同じ内容の活動を全員一緒に保育者の指導のもとに経験する活動形態。小学校以上の授業で行われている形態に近い指導方法。全員一度に同じ活動を行うため効率的であり，一緒にいる仲間との一体感や所属意識，経験を育み，歌やダンスなど，たくさんの人数で一緒に行うとより楽しめる活動において有効。一斉に同じ内容，方法で指導される際，個々の子どもの育ちや興味関心とそぐわないこともあるため，対応を検討する必要がある。

2．自由保育：子どもが活動を自由に選択して行う活動形態。子どもの興味関心を大切にして好きな事に自ら取り組み活動を広げる。遊びが行き詰まっている時には保育者の適切な援助があることで発展する。また，絵本や紙芝居を読み，興味を持った子どもだけが参加することもある。自分から活動や遊びをみつけ発展できない子どももいるので，パズルや絵本のように遊びの決まったものを自由保育に取り入れること，子どもたちが興味を持って自発的に取り組めるような環境を構成することも大切。

3．設定保育：保育者が特定のねらいや目標をもって計画し，あらかじめ設定した内容の活動をおこなうこと。一斉保育と違い必ずしも同じ時間内に全員が一緒にその活動を行うとは限らない。例えば1週間くらい時間を設け，その期間中ならいつでもその活動をおこなってよく，子どもが今やってみようと思うタイミングで取り組んだり仲のよい友達と一緒に取り組むことも可能。

4．コーナー保育：保育室を棚や仕切りなどで区切り，それぞれの空間に製作コーナー，絵本コーナー，おままごとコーナー，パズルコーナー，ブロックコーナー，積み木コーナーなどのスペースを設定し，コーナー内の空間に必要な物・遊具・道具等を充実させる。子どもたちはどのコーナーで活動をしてもよく，自由に活動を選んで取り組むことができる。空間を区切ることで遊びに集中することができる。また，あそこに行けばこういう活動ができると子どもなりに目当てを持つことができる。保育者はそれぞれの展開に応じ必要な援助を考え，適切な道具や素材を補充，いれかえるなど日々の保育の中で子どもの姿を元に随時再構成していく必要がある。

5．年齢別保育（横割り保育）と異年齢保育（縦割り保育）：年齢別保育とは，小学校のように年齢によって学年を分けて保育を実施すること。担任やメンバーが1年間変化しないので子どもにとっての居場所となる。同じ年齢の子どもが多い場合はクラスを作り保育をする（クラス保育）。4月生まれと3月生まれでは約1年間の差が生じ，生活経験や発達が異なり，興味関心もばらばらになることがあるため，年齢だけで判断せず個々の発達や姿を見るようにすることが必要。
異年齢保育とは，それぞれ年齢を均等に分けてクラス編成し，例えば幼児3，4，5歳が一緒のクラスになり，生活や活動をおこなう。預かり保育や早朝・延長保育などの時間に，年齢別の保育に入る前後に利用する子どもだけが同じ部屋で活動を共にすることもある。低年齢の子が年長の子を模倣して成長したり，年長の子が低年齢の子の面倒をみたりなどの経験もできるが，成長発達の違いによって力関係が出来る場合もあり子ども同士の関係を丁寧に見ていく必要がある。また，どの年齢に焦点をあてるかにより，保育のねらいや環境構成が変わる。

（福田，2015より筆者が抜粋，加筆）

58

表4－2　主導性と方向性による遊びの分類

	大人主導	子ども主導
大人の方向付け	教示（Instruction）	選ばれた遊び（Co-opted play）
子どもの方向付け	ガイドされた遊び（Guided play）	自由遊び（Free play）

（Weisberg, et als, 2015；秋田, 2018より筆者が加筆）

　しかし，自由保育だからといって保育者が全く関与しないのでは「放任」になってしまいます。子どもの姿からねらいを立ち上げ計画的に子どもの興味関心に沿った環境，主体的に関わる環境を構成したりする間接的援助，提案などの直接的援助も当然おこなっていきます。こうした保育形態は子ども・クラスの状況に応じて一日の中で組み合わせたり，年間を通してみた時，時期により遊びの時間と保育形態が変化することもあります。遊びの継続・発展が子ども主導であるか，保育者主導であるか，全体を通した総合的なバランスについて考えていくことも保育の場では重要となります。

　子どもがよく遊んでいるほど社会的スキルや自己調整能力，総合的な思考力が育つとされていますが，その遊びの環境がどの程度まで構造化され，大人がコントロールしているのかによって，4つに分かれます（表4－2）。子どもが環境の中で自分でコントロールできることは大事であり，自由か構造かのバランスを議論することが重要だという指摘があります。

　現在，遊びをめぐる国際的な研究も多くみられ，教育方法としての遊びの概念をめぐって議論がおこなわれています。乳幼児期の遊びが経済的・教育的な目標の達成を導くものとして認識され，その場合の遊びは

教育方法として，また教育政策上の重点事項として着目される傾向があります（Hedges, 2010；Bingham & Whitebread, 2018）。

3.　子どもの遊びとメディア

　近年，乳幼児期の子どもたちの生活の中に様々なメディアと触れる機会が多くなってきています。社会の変化，技術の進歩とともに子どもを取り巻く生活が変化し，様々な情報機器が入ってくることは自然なことではありますが，大人はある程度自分で選択しコントロールすることができます。しかし子どもは否応なしに大人（保護者）の生活に影響を受けます。しかも，成長発達の過程にいる子どもにとって必要な経験とは何か，十分吟味する間もなく急速に普及している現状があるでしょう。ベネッセ教育総合研究所（2015）は首都圏の乳幼児の保護者を対象とした継続的な生活アンケート調査をおこなっています。その中で，テレビ・ビデオ・DVD等の動画視聴，スマートフォンやタブレット端末，携帯ゲームなどの電子メディアの利用についてきいたところ，2005（平成17）年から2015（平成27）年の調査で全体的に子どものテレビ視聴は減少傾向の一方，ビデオ・DVD等をほとんど毎日見ているとする比率が増加しています。また子どもにスマートフォンを「使わない・使わせない」とするのは３割程度の一方，「ほとんど毎日使用」・「週に３〜４回」・「週に１〜２回」があわせて全体の３割程度いることがわかりました。また，ベネッセ教育総合研究所（2019）の０から２歳児の生活と育ちに関する調査で平日に行う時間をきいたところ，外で遊ぶ（お散歩を含む）時間が２時間以上というのは０−１歳児期で全体の割合の中で12.9％，１−２歳児期で18.8％，テレビやDVDが２時間以上というのは０−１歳児期で22.5％，１−２歳児期で37.7％，スマートフォン利用は全体として０分が多くを占めており，２時間以上は少ないが０−１歳児期で0.3％，

１－２歳児で1.4％でした。家庭によってかなり差があり，一部利用している子は乳幼児期からかなりの時間をメディア利用に費やしていることが示唆されました。

　日本小児科医会は，２歳児までの子どものメディア利用について次のような提言を行っています（旧社団法人日本小児科医会，2004。ここでいうメディアとは，テレビ・ビデオ・テレビゲーム・携帯用ゲーム・インターネット・携帯電話などを意味します）。①２歳までのテレビ・ビデオ視聴は控えましょう。②授乳中，食事中のテレビ・ビデオの視聴はやめましょう。③すべてのメディアへ接触する総時間を制限することが重要です。１日２時間までを目安と考えます。テレビゲームは１日30分までを目安と考えます。④子ども部屋にはテレビ，ビデオ，パーソナルコンピューターを置かないようにしましょう。⑤保護者と子どもでメディアを上手に利用するルールをつくりましょう，という５点です。

　また，文部科学省幼児期運動指針策定委員会は2012（平成24）年に幼児期運動指針を出しています。幼児期に無理な運動をするのではなく，発達に応じた楽しい遊びの中で，多様な動きが経験できるように様々な遊びを取り入れること，またそのための時間として「毎日，合計60分以上」の確保を目安としています。幼児期に早急な結果を求めるのではなく，体に過剰な負担が生じることなく，友達と楽しく遊ぶ中で自発的に体を動かしたくなり心地よさを感じる環境の構成を工夫したり，大人が一方的に幼児にさせるのではなく，保育者，保護者も共に体を動かし，家庭や地域での活動も含めた一日の生活全体の身体活動が推奨されています。

　世界保健機関（WHO）は2019年に５歳未満の子どもの身体活動時間，座ってタブレットなど画面を見ている活動時間，睡眠時間に関するガイドラインを発表しています。その中で，１－２歳児や３－４歳児は少な

くとも180分の様々なタイプの身体活動をおこなうこと，２歳では座って画面を見ている時間は１時間以内とすることとしています。具体的な時間の根拠等については，今後もさらに研究や議論が必要です。

　新しいメディアが続々と登場してきているニューメディア時代において，“悪いもの”としてのみ扱うのではなく，子どもの発達や生活への影響を十分に検討しながら生活の中で子どもとメディアの出会いを考え続けること，それらを子どもにとってより良いものにしていくことが必要です。子どもが過ごす時間全体から鑑みた時，メディア利用を含むその他の遊びや生活の時間の占める割合，得ている経験とは何か，量質ともに大人が丁寧に見とり，検討することが重要だと考えます。

　遊びは，古くて新しいテーマです。子どもにとっての遊びとは何か，なぜ必要なのか，我々の生きる社会における遊びの現代的意味と子どもにふさわしい環境について，あらためて検討していくことが求められています。

参考文献

・秋田喜代美（2009）『保育の心もち』ひかりのくに
　子どもと保育，教育をめぐる最近のトピックを取り上げ，わかりやすく解説しています。初学者のみならず，保育者，保育研究者にもヒントを与える一冊です。
・小川博久（2010）『遊び保育論』萌文書林
　遊びの重要性に着目し，日本における現代的課題と遊び保育の重要性，保育者の関わりについて論じ，重要な視座を提供しています。

引用文献

秋田喜代美（2018）「研究の目的と実施体制」『これからの時代に求められる資質・能力を育成するための幼児教育指導　調査研究シリーズ』No.71，公益財団法人日本教材文化研究財団

秋田喜代美（2009）『保育の心もち』ひかりのくに

ベネッセ教育総合研究所（2019）「第3回　幼児教育・保育についての基本調査　速報版」

ベネッセ教育総合研究所（2015）「第5回　幼児の生活アンケート　速報版」

Bingham, S. & Whitebread, D.（2018）School Readiness in Europe: Issues and Evidence. Fleer, M. & van Oers, B.（Eds.）International Handbook of Early Childhood Education. Springer.

Bruner, J.S.（1972）Nature and Uses of Immaturity. American Psychologist, Vol.27, No.8, 687-708.

カイヨワ，ロジェ（著），多田道太郎・塚崎幹夫（訳）（1990）『遊びと人間』講談社

福田篤子（2015）「保育形態の多様化」　柴崎正行（編著）『保育方法の基礎』わかば社

Hedges, H.（2010）Whose goals and interests? The interface of children's play and teachers, pedagogical practice. Brooker, L. & Edwards, S.（Eds.）Engaging Play. Open University Press, 25-38.

神長美津子（監修・編著），岩城眞佐子（編著），山瀬範子（協力・執筆）（2017）『幼児教育・保育のアクティブ・ラーニング　3・4・5歳児のごっこ遊び』ひかりのくに

公益社団法人日本小児科医会　子どもとメディア委員会HP「『子どもとメディア』の問題に対する提言（2004）」
https://www.jpa-web.org/dcms_media/other/ktmedia_teigenzenbun.pdf　（2020年7月現在）

文部科学省幼児期運動指針策定委員会（2012）「幼児期運動指針について」
https://www.mext.go.jp/a_menu/sports/undousisin/1319192.htm　（2020年7月現在）

無藤隆（2003）「保育学研究の現状と展望」『教育学研究』第70巻，第3号，393-400，一般社団法人日本教育学会

日本学術会議　子どもを元気にする環境づくり戦略・政策検討委員会（2007）「我が国の子どもを元気にする環境づくりのための国家的戦略の確立に向けて」

野口隆子（2020）「遊びにおける『探究』プロセス」『幼児期の深い学びの検討：探究過程の分析　調査研究シリーズ』No.78，21-29，公益財団法人日本教材文化研究財団

Parten, B.M.（1932）Social participation among preschool children. Journal of Abnormal and Social Psychology, 27, 243-269.

Smith, P. K., & Pellegrini, A.（2013）Learning through play. Encyclopedia on Early Childhood Development.
http://www.child-encyclopedia.com/sites/default/files/textes-experts/en/774/learning-through-play.pdf　（2020年7月現在）

Weisberg,D.S., Kittredge,A.K., Hirsh-Pasek,K., Golinkoff,R.M., & Klahr, D.（2015）Making play work for education. Phi Delta Kappan, V.96, N8, 8-13.

World Health Organization.（2019）Guidelines on physical activity, sedentary behaviour and sleep for children under 5 years of age.
https://apps.who.int/iris/handle/10665/311664　（2020年7月現在）

山田敏（1994）『遊び論研究：遊びを基盤とする幼児教育方法理論形成のための基礎的研究』風間書房

学習課題

1．伝承遊びにはどんなものがあるか，調べてみましょう。
　　伝承遊びとは，昔から子どもたちに伝わり親しまれて遊ばれてきた遊びです。

2．身近な環境で子どもたちはどのような遊びができるでしょうか。
　　公園，家庭，園，地域の遊び場など，場所を絞り，自分の経験を振

り返りつつ，考えてみましょう。

　次のリーフレットは，園庭に関する研究をもとに作成されています。子どもにとって遊び場がどのようなものか，遊び場の意味を考える上で役立ちます。HPからダウンロードできますので，参考にしてください。

東京大学大学院教育学研究科附属発達保育実践政策学センター　園庭調査研究グループ『子どもの経験をより豊かに　園庭の質向上のためのひと工夫へのいざない』

http://www.cedep.p.u-tokyo.ac.jp/event/15206/　（2020年7月現在）

5 | 子どもの人間関係

《目標とポイント》 乳幼児期の子どもの人間関係（家庭での保護者との関係，保育者との関係，子ども同士の仲間関係）とその発達について，理論や実践を解説します。
《キーワード》 愛着，仲間関係の発達，子ども同士のいざこざ

1. 親子の関係

　お腹の中にいる胎児の時から，母親は子どもが子宮内で子どもの動きを感じた時，「『おなかがへった』って赤ちゃんが言っている」など，～をしたいという意図や，～をしてほしいという要求のサインであるかのように解釈し，代弁する姿があります。親が乳児の心の世界に目を向け，乳児を心をもった一人の人間としてとらえ扱おうとする傾向はマインド-マインデッドネス（mind-mindedness）といわれています（Meins, 1997）。動物は，変動的で不安定な環境において高い繁殖力をもち，子の性成熟が早く寿命が短い「速く生きて，早く死ぬ」ものと，出産子数は少なく子の性成熟が遅く寿命が長い「ゆっくり生きて，遅くしぬ」のどちらかに位置づけられるという考え方があります（竹下・板倉, 2003）。人間を含む霊長類は後者で，生育にかける時間の長期化から特有の緊密な親子関係を生み出し，仲間・友達関係など社会関係を多様に進化させ，その中で学習するといわれています。

　子どもの人間関係形成において，その多くが保護者との関係性から育まれていくと考えられます。児童精神科医ボールビィは，特定の他者との関係を求める欲求や行動が，他の生物種にもまして強力なかたちで存在し，なおかつそれが人間の生涯にわたる発達において際立って重要な意味をもっているとし，アタッチメント（attachment）と呼んでいます（遠藤，2011，2019）。ボールビィが理論を提唱するに至った背景がいくつかあり（齋藤，2019），一つは，動物行動学者のコンラート・ローレンツが刷り込み（インプリンティング；imprinting）という現象を報告しました（刷り込みとは，アヒルなどの鳥類の雛が，孵化後一定時間内に見た動くものに接近要求をもち，追従するという現象です。こうした限定的な強い仕組みが人間の場合にあてはまるかどうかは疑問です）。また，ハーロウがおこなったアカゲザルの実験があります。出生直後の子ザルを母親から離し，布製と針金製の代理母を与えて育てたところ，ミルクが出るかでないかにかかわらず，子ザルは肌触りの良い布製の代理母にくっついていることが多く，恐怖を感じる場面でも布製の代理母にしがみつき安心感を得ようとしました。すなわち，空腹をみたすなど生理的欲求をみたすだけではなく，接触による快適さ，安心感を得ることの重要性が示唆されました。日本では，「愛着」と呼ばれていますが，元々は英語の「attach」，つまり「くっつく」ことを意味します。特定の他者にくっつくことで，もう大丈夫という安全の感覚を得ることができ，それが日常繰り返されることで，何かあった時に助けてもらえるという感覚をもち，独立で何かを成し遂げようとする力が発達するのです（遠藤，2018）。

　発達心理学者のエインズワースによると，愛着の前段階として生まれてから2，3ヵ月の間は誰に対しても微笑み，喜んで抱かれるなど無差別的な応答をする時期だといいます。徐々に，家族のメンバーやよく知っ

ている人に対し微笑みかけたり声を出すことが多くなる愛着の形成期が
あり，そしておおよそ8ヵ月頃になると特定の愛着の対象に積極的に近
づき，離れると抵抗するようになるなどの明らかな愛着行動を示す時期
があるといいます。エインズワースは愛着の個人差を実験的手法（スト
レンジ・シチュエーション・プロシージャー，表5−1）によって研究
し，いくつかのタイプがあること，さらに養育行動と関連をもつことを
明らかにしました。安定型（分離場面で泣いたりするが，再会時積極的
に身体接触を求め安全基地とする），回避型（分離場面で泣いたり混乱
することがほとんどなく，また再会時にも回避するような行動をとる），
アンビバレント型（分離場面で強い不安や混乱を示し，再会時に強く身
体接触を求めるが一方怒りを表すなどアンビバレントな行動を示す），
無秩序・無方向型（回避と接近が同時に見られたり，どっちつかずの状
態が続く），というタイプです。

　乳幼児期に安定した愛着を経験すると，他者と似たような関係のパ
ターンが生じやすくなり，共感や思いやりなどを示しやすく，また身体
発達にも良い影響を及ぼすといわれています。一方，乳児期に安定した
愛着を築くことが難しい環境に置かれた子どもたちがいます。ルーマニ
アにおいて，1965年から1989年までのチャウシェスク政権下で起こった
児童遺棄，対策としての施設の劣悪なケアの結果，施設で暮らす子ども
たちの心理社会的な体験が剥奪され，認知的，言語的，社会的発達に影
響を及ぼしました。施設では子どもたちはベビーベッドに閉じ込められ
ていることが多く，玩具等がほとんどない環境であり，ケアをする大人
からの話しかけはほとんどなく，個別のケアもされていない状態だった
といいます（ラター，2012）。研究者たちによる介入プロジェクト（ブ
カレスト早期介入プロジェクト；BEIP）がおこなわれ，里親養育やネッ
トワークが進められました。この介入からも，乳幼児期に，人との安定

表5−1　ストレンジ・シチュエーション・プロシージャーの概略

エピソード	登場する人	時間	行動の内容
1	母（M）, 子（C）実験者（E）	30秒	Eは，M，Cを実験室に案内し，Cのスタートの位置を指示して退室する。
2	M，C	3分	Mは，自分の椅子にすわって本を見ている。Cが要求したことには応じる。2分たっても遊ばなければ，遊びにさそう。
3	M，C 見知らぬ女性（S）	3分	Sが入室，1分間は黙っている。次に，Mと話し，2分すぎたらCに近づいて，玩具で「遊ぼう」とさそう。3分したらMが静かに退室する。
4	S，C	3分（短縮）[a]	Mとの1回目の分離のエピソード。Cが遊んでいれば，Sは見守る。遊ばなければ，遊びにさそい，混乱したらなぐさめる。
5	M，C	3分（延長）[b]	1回目の再会。Cが遊びに戻れるようにMは助ける。3分（あるいはそれ以上）たっておちついたら「バイバイ」と去る。
6	C	3分（短縮）[a]	Mとの2回目の分離のエピソード。
7	S，C	3分（短縮）[a]	2回目の分離のつづきのエピソード。Sが入室。Cが遊べば見守る。Cが混乱していたらなぐさめる。
8	M，C	3分	Mとの2回目の再会。入口で名を呼び，「おいで」と呼びかけ，Cの反応を見て入る。交代にSが退室。MはCをなぐさめ，遊べれば遊ぶ。

(注) [a]：子どもがひどく混乱したら，短縮する。
　　 [b]：子どもが遊びに熱中するまで延長する。

(高橋, 1990)

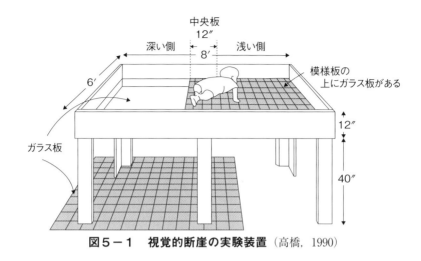

図5－1　視覚的断崖の実験装置（高橋，1990）

した愛着関係を基盤とした関係性が重要であり，その中で子どもは成長発達を遂げる存在であることがうかがえます。

　乳幼児期の子どもが，周囲の環境に関わり対象を理解する際，信頼できる養育者を通して世界を理解していきます。視覚的断崖といって，もともと乳幼児の奥行き知覚を確かめるために考案された実験装置を用いたもので，発達心理学者キャンポスによって実験がおこなわれました（図5－1）。魅力的な玩具などに近づくためには乳児がハイハイして移動できる透明のガラス板（高さを感じる）を越えていかなければなりませんが，そういった不安な状態の中で母親の顔を見て，その表情が笑顔の場合大丈夫だと理解し移動していく，このことを社会的参照といいます。子どもは信頼できる養育者や保育者などの大人を起点とし，参照したり，安全基地としながら徐々にその行動範囲を広げ，他者と関わっていくネットワークを広げていくと考えられます。

2. 子ども同士の仲間関係

（1）他者に気付き，仲間を求め始める時期

　３歳頃になると，大人との親密で情緒的な安定を基礎としながらも，自分の興味関心のある物や場への主体的な関わりを通して自己を発揮し，他児の存在に気付いていきます。出来ることもさらに多くなり，行動範囲も広がり，他児と一緒に動き平行的に遊ぶ中で，遊ぶ楽しさを知り，クラスの子どもや仲の良い友達を求めるようになります。また，言葉の発達，語彙数の増加により，言葉による表現がさらに豊かになりますが，思いのすれ違いやいざこざも多く発生します。このようないざこざやぶつかりあいによる葛藤を経験しながら，他児の意図や要求に段々と気付き，情動や行動をコントロールしようとし，折り合いをつけることも段々とできるようになっていきます。

　斉藤・木下・朝生（1986）は３歳児クラス１クラス20人のやりとりから仲間同士のいざこざに着目し，原因と終結について分類し，１年間の変化を三期に分けて分析しています（図５−２）。その結果，３歳児は物や場所の専有が原因のいざこざがどの時期も多く，相手にとって不快な働きかけの中でａ．身体的攻撃や避難，妨害など明らかに相手にとって不利益な行動によっておこるいざこざは段々と減少し，そのかわりｂ．援助の食い違いやｃ．遊びの一環，ｄ．中立的な行動などのいざこざ，イメージのずれなどをめぐるいざこざが増加していきます。終結は，無視・無抵抗が減り，相互理解による終結が多くなっていくことがわかります。

　幼稚園教育要領解説（平成30年）において，いざこざについて述べられている箇所をみると，10の姿における「(4) 道徳性・規範意識の芽生

いざこざの原因

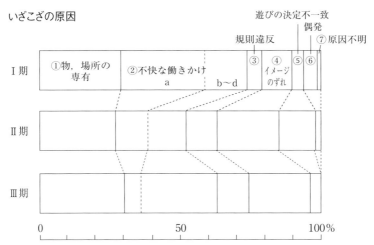

（注）a. 身体的攻撃や避難，妨害
　　　b. 援助の食い違い
　　　c. 遊びの一環
　　　d. 中立的な行動

いざこざの終結

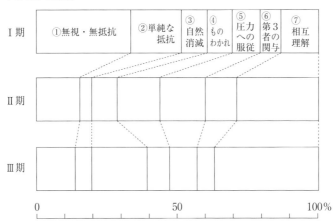

図5−2　3歳児におけるいざこざの原因と終結
（斉藤・木下・朝生，1986）

え」で次のように説明されています。「幼児は，他の幼児と様々な体験を重ねる中で，してよいことや悪いことがあることを分かり，考えながら行動するようになっていく。5歳児の後半には，いざこざなどうまくいかないことを乗り越える体験を重ねることを通して人間関係が深まり，友達や周囲の人の気持ちに触れて，相手の気持ちに共感したり，相手の視点から自分の行動を振り返ったりして，考えながら行動する姿が見られるようになる。また，友達と様々な体験を重ねることを通して人間関係が深まる中で，きまりを守る必要性が分かり，友達と一緒に心地よく生活したり，より遊びを楽しくしたりするために，自分の気持ちを調整し，友達と折り合いを付けながら，きまりをつくったり，守ったりするようにもなる。」また，領域「人間関係」，内容の「(2) 自分で考え，自分で行動する」の解説において，「幼児期においては，幼児が友達と関わる中で，自分を主張し，自分が受け入れられたり，あるいは拒否されたりしながら，自分や相手に気付いていくという体験が大切である。このような過程が自我の形成にとって重要であり，自分で考え，自分の力でやってみようとする態度を育てる指導の上では，幼児が友達との葛藤の中で自分と異なったイメージや考え方をもった存在に気付き，やがては，そのよさに目を向けることができるように援助しながら，一人一人の幼児が存在感をもって生活する集団の育成に配慮することが大切である。」とも述べられています。いざこざによる葛藤は，子どもにとっての大切な経験の一つであり，人間関係を深める上で自分と異なる相手に気付き，子ども同士で葛藤を解決しようとしていく態度を養うことにつながると考えられています。状況によりますが，保育者が解決して終了させてしまうだけでは，経験の機会が失われる可能性があります。

（2）イメージや目的を共有し，協同する時期

　5歳児頃になると，言葉による共通のイメージをもちながら生活や遊びを仲間とともに目的をもって進め，役割を果たし協力・協同することを楽しむようになります（事例5－1）。運動機能の発達とそのコントロールによって活動もよりダイナミックなものとなり，活発に遊ぶ中で自分たちの決まりやルールをつくりながら楽しんで遊ぶ姿がみられます。先にみたように，いざこざにも変化がみられます。自分なりに考えて提案をしたり主張をぶつけあう中で喧嘩も起こってくることがありますが，相手を許容することで妥協したり解決しようとするなど，集団生活の中で言葉による仲間への伝え合いと対話を繰り返しながら自分を受け入れてもらい，相手の話も聞こうとする態度，異なる思いや考えを受け入れる心が育ってきます。自分と他児との違いに気付き，提案したり交渉したりなど，どのようにすればいいか言葉にしながら関わり合いをもつようになりますが，まだ一方的にすすめようとする場面もみられます。自分にはできないことに気付いていく中で，仲間に支えられやってみようとする気持ちが高まり，仲間と目的を共有し，やり遂げたときの達成感や満足感を感じるようになります。園全体で行事を経験していく機会もあり，仲間・クラスとしての意識が芽生え，自分の目当てだけでなく，共に試行錯誤し活動経験を共にしたことで"自分たち"の目当てをもつようになります。

　大人に指示されなくとも一日の流れを見通して次の行動をおこなうことができるようになります。援助がなくても着替えや片付けなどができる生活習慣の自立がみられ，先生の手伝いをしたり年下の子どもの世話をしたり優しく接したりするなど，人の役にたつことに喜びと誇りを感じたり，自信をもっておこなおうとしたりする姿がみられ，相手への感受性や思いやりの気持ちが育つ基盤となります。しかし，様々な自分な

りの挑戦の中で自分の思うようにならないことに気付き，失敗すること
を恥ずかしいと感じたりあきらめたりする気持ちも芽生えたりします。

事例5－1：リレー遊びの中で（5歳9月中旬）

　5歳児青組と緑組の2クラスが輪なげの輪をバトン替わりにし，園庭
をまわるリレー遊びを始めました。運動会は園外の場所でリレーを行う
予定となっており，遊びの中で何度も楽しんでいます。都内の園でそれ
ほど広い園庭ではありませんが，この日は偶然同時に外に出た2クラス
で競うことになりました。子どもたちはスタートとゴールを決め，線を
ひくと早速リレーを始めました。一巡してみると，青組の勝ちとなりま
した。緑組の子どもたちは「えー！　負けた！」と悔しそうな顔で叫び，
他の子どもたちも「もうちょっとだったのに」「なんで」と口ぐちに言っ
ています。すると横で見ていた緑組の担任保育者が「どうすれば勝てる
と思う？　作戦を立てよう！」と投げかけると「作戦立てよう！」と大
きな声で同意します。子どもたちは大きな声で「腕を大きく振って」「バ
トンを渡す時に，早く渡せばいいんだよ」などと言い合い，真剣な顔で
考えています。「大きな声で言うと聞こえちゃうよ」という子どもの声に，
担任保育者は子どもたちから出た作戦を一緒にひそひそ声で青組に聞こ
えないように確認し，「よし，じゃあやってみよう」とスタートに向か
いました。

3. 保育者との関係：個と集への関わり

　保育者は保育環境の中で，様々な物事に子どもが継続的に繰り返し試
行錯誤しながら関わり探究ができるような場，仲間と見合い刺激し合え
るような場，子どもが自分の遊びを振り返り次に発展できるような場を
構成し，子どもの自己発揮や子どもなりの挑戦を丁寧に読み取りながら

常に見守り，子どもが自分なりの見通しをもつ中で自分や他児と折り合いをつけ，夢中になって遊び込むことで豊かな経験が得られるよう必要な指導援助をおこなっていくことが求められます。小川（2010）は一斉保育と一人一人に対する幼児理解との関係について，担任保育者の立場に立てば，クラスの20〜30人の幼児一人一人の名前や顔と向き合うことの重要性を感じていても，一人一人と応答関係をいつもとれるわけではないと指摘しています。担任として集団の動きを管理統制するという課題（保育者のやらざるを得ない役割）と一人一人の幼児の要求に応えるという課題があり，保育者が教育者として保育課題をもち，それをクラスのどの子にも達成させたいと思えば思うほど，保育者は幼児一人一人ではなく，幼児たちを集団として括る意識を強くもたざるを得なくなる時，目の動きとして，クラスの幼児全員を全体として捉えようと動いてしまうことが生じます。1日の保育が終わった時に，保育者がクラスの幼児一人一人の表情を思い浮かべ，相互の関係性を自覚化していくことの大切さについて述べられており，示唆に富む指摘です。

　集団の中で逸脱をしたり，危険な行為をすることへの留意と配慮の点で，全体を見るまなざしというのは必要かもしれませんが，幼児一人一人との出会いを無視し匿名化してしまう危険性は常に付きまとい，それを克服することが課題となります。通常の保育の中で，ずっと一人の子どもを見続けていくことはできません。岸井（2013）は保育を撮影したビデオ記録を用いて園内で見合う研修を行っています。その際，保育はいろいろな関係性のうえに成り立ち，近い過去・遠い過去からの流れの結果として現在の保育があるため，その文脈を考慮せず一部を切り取って保育を語ることは危険であると述べ，また，同じ場面を見ていても保育者によって着目点が違うこと，関係性を築く中で見えてくるものがあること，異なる視点が新たな解釈を作っていくことを指摘しています。

　人間関係の絆を丁寧に結び，一人一人と丁寧に関わる場面を大切にすることも必要となります。例えば十分に遊んで汚れた子どもの手足を順番に丁寧に洗ったり，絵本の読み聞かせなどの集まりの時に保育者から遠い位置や左右の端に座る子どもを視野におさめ，その子どもの名前を呼んで声をかけたり，集まりの時の幼児が聞いてほしいという事柄を取り上げたり，1日の保育後に一人一人を振り返り，次の日の保育につなげていくなど，一人一人への気配りが具体的実践としてあらわされることが重要な意味をもつのではないでしょうか。

　保育者は一歩先につながるような力の育ちを確認し，協同的・継続的な遊びの中で探究できるように環境を整え，子どもの今までの経験をもとに足場かけ（スキャフォールディング；scaffolding）をしていくことが必要です。

参考文献

・無藤隆・古賀松香（編著）（2016）『社会情動的スキルを育む「保育内容　人間関係」：乳幼児期から小学校へつなぐ非認知能力とは』北大路書房
　　社会情動的スキルや「非認知能力」に関する研究動向について解説され，保育内容の人間関係について，そして自己調整力の育ちを「折り合う姿」という視点で実践研究から整理しています。
・一般社団法人日本赤ちゃん学協会（編集），小椋たみ子・遠藤利彦・乙部貴幸（著）（2019）『赤ちゃん学で理解する乳児の発達と保育　第3巻　言葉・非認知的な心・学ぶ力』中央法規出版
　　乳児の発達を中心に，言葉，「非認知」的な心，学ぶ力の視点から，理論とともに実践に向けてわかりやすく解説しています。

引用文献

遠藤利彦（2019）「『非認知』的な心―自己と社会性―」　一般社団法人日本赤ちゃん学協会（編集），小椋たみ子・遠藤利彦・乙部貴幸（著）『赤ちゃん学で理解する乳児の発達と保育　第 3 巻　言葉・非認知的な心・学ぶ力』53-96，中央法規出版

遠藤利彦（2018）「アタッチメントが拓く生涯発達」『発達』153号，Vol.39，2-9，ミネルヴァ書房

遠藤利彦（2011）「人との関係の中で育つ子ども」　遠藤利彦・佐久間路子・徳田治子・野田淳子（著）『乳幼児のこころ：子育ち・子育ての発達心理学』有斐閣

岸井慶子（2013）『見えてくる子どもの世界：ビデオ記録を通して保育の魅力を探る』ミネルヴァ書房

Meins, E.（1997）Security of attachment and the social development of cognition. Psychology Press.

小川博久（2010）『遊び保育論』萌文書林

ラター，M. ほか（著），上鹿渡和宏（訳）（2012）『イギリス・ルーマニア養子研究から社会的養護への示唆：施設から養子縁組された子どもに関する質問』福村出版

齋藤慈子（2019）「『母親』をめぐる大きな誤解」　長谷川眞理子（監修），齋藤慈子・平石界・久世濃子（編）『正解は一つじゃない　子育てする動物たち』東京大学出版会

斉藤こずゑ・木下芳子・朝生あけみ（1986）「仲間関係」　無藤隆・内田伸子・斉藤こずゑ（編著）『子ども時代を豊かに：新しい保育心理学』学文社

高橋惠子（1990）「乳児の認知と社会化」　無藤隆・高橋惠子・田島信元（編）『発達心理学入門 I：乳児・幼児・児童』東京大学出版会

竹下秀子・板倉昭二（2003）「ヒトの赤ちゃんを生みだしたもの，ヒトの赤ちゃんが生みだすもの―発育・発達の時間的再編と行動進化―」『ベビーサイエンス2002 Vol.2』日本赤ちゃん学会
https://www.crn.or.jp/LABO/BABY/LEARNED/02.HTM　（2020年 7 月現在）

78

学習課題

1. 乳幼児期の子どもを観察し，子どもが社会的参照を行っている場面に着目し，子どもにとっての信頼できる他者の存在について考えてみましょう。

2. 自分の子どもの頃（できれば就学前）を振り返り，一緒に遊んだ経験を振り返ってみましょう。いざこざなどの葛藤や折り合いをつけるまでのエピソード，相手に伝わる喜び（あるいは伝わらなかった経験など）のエピソードをあげてみましょう。

　その上で大事にしたい配慮点について考察してみましょう。

（就学前の経験が思い出せない場合は，今までの経験で振り返ってみましょう）

6 │ 子どもの言葉

《目標とポイント》 乳幼児期の子どもの言葉とその発達過程について理解します。また，保育の場での援助，絵本，紙芝居や物語など児童文化財との出会いについて学びます。

《キーワード》 言葉の発達，一次的ことば，二次的ことば，児童文化財

1. 乳幼児期の言葉の発達過程

　人とのコミュニケーションにおいて言葉での表現は非常に重要であり，大きな機能を果たしています。言葉は私たちの思考の基礎であり，身近な事柄だけでなく見たことがない複雑な事柄を理解し伝達する時にも役立ちます。言葉は効率的なコミュニケーション手段ですが，子どもの場合，特に表情，視線，目の動き，音声，身振りなど身体的コミュニケーションが重要です。そのため，受け手としての大人・保育者がその行為を丁寧に読み取り，積極的に解釈をしていこうとする必要があります。

　子どもが"言葉を話せるようになる"のは，大体いつ頃なのでしょうか。乳児を意味する英語インファント（infant）は「話せないもの」という意味から出ているといいます（岡本，1982）。大体生後1年たつと，「マンマ」など意味のある単語を話すようになりますが，親子のやりとりをみると有意味語が出る前からコミュニケーションはある程度成立し

ているのではないでしょうか。

　生まれた時の赤ちゃんは泣くことはできますが，発声は難しく，生後
2ヵ月を過ぎた頃から機嫌の良い時に鼻にかかったやわらかな音，クー
イング（鳩音）を出すようになります。3ヵ月を過ぎる頃，あごや咽頭
の成長にともない喉を使った音，喃語を出すようになります。赤ちゃん
が発声しやすい音は，口唇を使うp，b，m，nなどの子音に母音を付
けた音で，1人で繰り返し発声を楽しんで音遊びをしているような姿も
みられ，徐々に多様な音声が発声できるようになっていきます。7ヵ月
頃には「マンマンマ」や「パパパパパ」など，同じ音を繰り返す反復喃
語などの発声，そして目で注視したり，手足をばたばたさせたり，手を
伸ばして何かをつかもうとしたり，口の中に入れて確かめたり，指さし
をしたりなどの非言語的行為に対しても，我々は常に何かを読み取ろう
とし，話しかけ，応答します。新しく生まれてくる子ども，言葉をまだ
話せない幼い子どもの心的状態に目を向け，自分たちのいる社会システ
ムに位置付け統合しようとする試みを無意識のうちにしているのです。
大人が赤ちゃんにおこなう独特の語りかけは育児語（baby talk），マザ
リーズ（motherese）などと呼ばれています。その特徴は，比較的高い
声でゆっくりと間をとり，抑揚豊かな話しかけで，音韻転化（例．どう
じょ（どうぞ）など），音の省略（例．やだ（いやだ）），音の反復（例．
てて（手））などの音声面，語彙面でオノマトペ（例．わんわん）など
を使い，発話の長さが短く，少ない語や節を繰り返すなどの冗長な表現
など，です（小椋・吉本・坪田，1997）。育児語特有の抑揚の豊かさが，
まだ言葉を話せない前言語期の子どもにとって非常にわかりやすく，な
だめたり，注意をひきつけたり，認めたり，禁止したりするのに有効で，
言葉を獲得しやすくなる足場づくりを提供しているとも考えられます
（小椋，2019）。

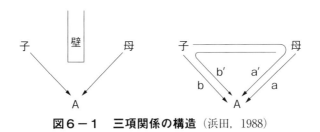

図6－1　三項関係の構造（浜田，1988）

　親子の間で交わされる目があう・目をそらすといったそれぞれの視線の向きは，次第に相手が目をそらした方向に目を向けるようになり，ひとつのものを一緒に見るという関係が出来てくるようになります。しかし，図6－1の左図では，同時に見ているだけであって互いを確認している状態では互いにとっての意味はありません。それに対し右図では，子は母のAの見方aを見て（a'），母は子のAの見方bを見る（b'），Aというひとつのもの・テーマをめぐって視線を交わす，表情や身体行動全体を通して言わば「対話」を交わしているということであり，状況の中で共通の意味付けを交わし合う三項関係を形成するようになります。

　日本以外のどの国の赤ちゃんも，言葉を話しだす前の12ヵ月頃になると指さしを開始します。"言葉の前のことば"といえるでしょう。自分の発見を見つけた興奮とともに大人と共有するなど自分の感じた感情を感じさせる「叙述の指さし」，大人が知らないことを気付かせ教える「情報提供の指さし」，見慣れないものがあった場合大人の知っていることを聞き出す「質問の指さし」，自分の欲しいものに指を向けて理解させる「要求の指さし」などがあります（岸本，2016）。

　岡本（1982）は，ある父親のエピソードを紹介しています。長男が1歳の誕生日を間近にしその時話していた語は「ママ」「マンマ」だけで，これから数年で日本語を使いこなすようになって行く。たまたまドイツ

語の修得を必要としていた父親は，我が子がこれから覚える日本語と対応したドイツ語の単語と文を子どもの速度に合わせて覚えると，数年で日常会話に事欠かないドイツ語を覚えられるだろうと思ったそうです。2，3ヵ月は「エッセン」と「ムッタア」，そのうちに「ワンワン」（フント）が加わり，最初は父親にとってたいくつでたまらない学習ペースだったのですが，間もなく1歳半から2歳前後に急激におしゃべりをはじめ，必死に追おうとしますがそのスピードに追いつけず，3歳に入った我が子の日本語の語彙や文の流暢さ，表現の豊富さに比べ，父親のドイツ語は若干の成果はあったものの獲得ということからは程遠かったといいます。1歳半頃から徐々に語彙は増加し，その後急激な増加を見せるこの時期は，語彙の爆発的増加期（ボキャブラリースパート，vocabulary spurt）といわれています。

　幼児期になると，言葉は著しく発達していきます。2歳頃には，日常生活の中でルーティンとなっているようなやりとり（「はいどうぞ」「ありがとう」，「いただきます」「ごちそうさまでした」，「〜だよね」など）を通して，大人とのやりとりだけでなく，仲間同士で模倣し使ってみることで楽しくやりとりをかわし，通じ合うことの喜びを経験している姿がよくみられます。3歳頃になると段々と基本的な生活の自立がみられ，自分の要求を言葉で表し自我の発達とともに自己主張したり，「自分でできる」という自信を持ったり，「なぜ」や「どうして」など質問を多くするようになったり，好奇心とともに様々なことに挑戦してみようとしたりします。大人の姿をよく見ていて，日常生活をごっこ遊びに取り入れ再現することも多くみられます。生活の中で必要な言葉，経験を語る言葉はますます増え，自分の気持ちを言葉で表現し相手に伝えようとします。一般的に，子どもが使用する語彙数は2歳頃には300語程度だったものが3歳頃になると1000語，5歳頃には2000語となるといわれてい

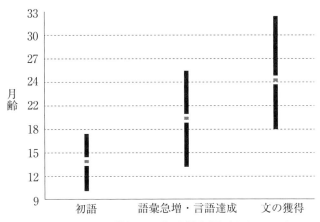

図6－2　言語獲得の平均月齢と幅（小椋，2019）

ます。ただ，言葉の発達には個人差があります（図6－2；小椋，2019）。例えば，文の獲得の平均月齢は24ヵ月ですが，早くて18ヵ月，遅くて32ヵ月で開きがあることがわかります。何歳だからということではなく，あくまで目安として捉え，子どもの個性や経験，成長のスピードなどに十分留意し，大人の適切な関わりと言語環境の配慮をしていくことが大切です。

　通常の園生活に関する母子の会話を見てみましょう（表6－1）。

　会話の中で「先生」や「おともだち」の名前がみられ，園で誰と一緒に遊んだか，何をやったか，中にはよくわからず読みとれない部分もありますが，主に大人側のリードによってやりとりが引き出されています。保護者は過去の事柄から子どもの姿を推測し，過去と現在の子どもの経験をつなぎながら話しており，子どもも園生活を通して自分でできるようになることへの誇りと喜びを感じている姿もうかがえます。ただ，このように会話が長く続かない場合もみられます。

表6−1　長く展開した会話ユニットの例

母	ゆうちゃんさあ
子	なに
母	きょう　なにやさん　ごっこ　したか　おしえて？
子	じゅーすやさん
母	だれとやったの　それは
子	うんと　せんせいと
母	ほんと　なにいろ　つくったの？
子	うんと　うんと
母	なにいろ　つくったの？
子	うんと　あか
母	あか
子	うん
母	じぶんで　つくったの？
子	うん
母	すごーい　また　おうちでも　やってみる？
子	うん
子	あく　や　あるの？
母	うん　こないだの　ぺっとぼとるの　のこりが　ある　ようちえんに　もってきた　やつの
子	あか？
母	あかいろは　せんせい　つけて　くれたの？
子	あ　あああ　ひとりで　やった
母	あら　すごいな　ほんと　それ　けんくんと　やったの？
子	ちがう　ひとりで
母	ひとりで　やったの？　ほんとお

（小松・野口，2001）

2. 一次的ことばと二次的ことば

　幼児期の子どもは，具体的な事象に関する身近な人とのリアルタイムのコミュニケーションの中で，「話すこと」「聞くこと」を主とした一次

的ことばを発達させていき，幼児期後半から就学以降，身近な人の枠を超えて，不特定の抽象化された他者に対する「伝えること」や「書きことば」などの二次的ことばを発達させていくといいます（岡本，1982）。

　現在の幼稚園教育要領，保育所保育指針，幼保連携型認定こども園教育・保育要領に示される領域「言葉」の内容をみると，そのほとんどが話し言葉に関することです。平成元年の改訂で領域「言葉」となりましたが，それ以前は領域「言語」として示され，すでにある言語体系を正しく順序立てて教えていくという考えが背景にありました。現在では，誰にもわかるような言葉の正しい使い方よりも，日常生活の中で言葉に興味関心を持ち，経験したことや考えたことを自分なりの言葉で表現し，相手に伝わる喜びや楽しさ，言葉に関する感覚を養うことがより強調されています。

　一方，文字に関しては，内容の取り扱いにおいて，子どもが「日常生活の中で，文字などを使いながら思ったことや考えたことを伝える喜びや楽しさを味わい，文字に対する興味や関心をもつようにすること」とされています。また，領域「環境」のねらいにおいて，「身近な事象を見たり，考えたり，扱ったりする中で，物の性質や数量，文字などに対する感覚を豊かにする」とされています。このように，大人の体系的な教え込みではなく，子ども自身の興味関心に基づき，日常生活の中で感覚が養われ，子ども自身の必要感に基づく経験による言葉の獲得が重視されていると言えるでしょう。

　保育場面の環境と子どもの読み・書きの発達について，見てみましょう。最初，絵本や手紙の文字を読むふりをしたり，記号として目で見て図形として自分の名前を探したり人の名前と比較したりしながら，5，6歳頃までに自分の名前などを中心に特定の文字の読み・書きが段々とできるようになるなど，日常生活の中で文字環境にふれる中で，読み・書

きの基礎を築いていきます。例えば，園には集団生活ならではの名札や当番表があり，またカレンダーや時計，手紙や看板，絵本や紙芝居，カルタ，歌の歌詞等の掲示物など様々な文化的環境に囲まれています。子どもが相手に伝わる喜びを経験することで感じる必然性，興味関心意欲や周囲の友だちとのやりとりの中で刺激を受け，あこがれ真似る気持ちなどが生じ，自分で使ってみたい，読みたい，伝えたい，という気持ちを実現しようとします。保育者が直接文字を教えることもありますが，保育者が保育材を吟味したり，絵本や物語を読んだり，お手紙を書く活動を子どもと楽しんだり，まだ文字がわからない子どもにはスタンプや絵などであらわしたり，自分で書きたい子どもには壁に五十音表を貼っておいて確認できるようにしたりするなど，計画的に環境構成をすることで，子どもが身近なヒト・モノ・コトと主体的に親しみをもって接することができ，そうした体験の積み重なりの中で喜びや楽しさを感じることが，幼児期の読みや書きの発達に重要です（事例6－1，6－2）。

　音韻意識も徐々に発達し，「りんご」という語を「り・ん・ご」と3つの音に区切ることがわかり，しりとり遊びのような言葉遊びができるようになっていきます。また，「まいか」と「いか」など名札をみながら自分の名前の中に他の生き物の名前が隠れていることに気が付いたり，「いか」と「かい」など逆さ言葉を楽しんだり，連想ゲームをしながら言葉を次々と出したり，おもしろい言葉や美しい響きのフレーズを繰り返して楽しんだりなど，保育者や友達と，名前や身近な物の名前を中心にした言葉遊びのやりとりがおこなわれるようになっていきます。さらに，文字と音の対応を習得していきますが，「ね」と「れ」など形が似ているもの，促音（「っ」）や拗音（「ゃ」「ゅ」「ょ」など）も間違いやすく，助詞の「は」が「わ」に，「を」が「お」になる場合も多く，鏡文字も幼児期にはよくみられます。

事例6－1：文字にふれ楽しむ環境

　五十音表を見ながら，自分の名前の文字を探して真似て書いてみる。書けない子どもには文字スタンプなどが手軽で，押して楽しむ。友達や先生，保護者にいつでも手紙を書けるように紙を用意し，ポストに入れてお手紙ごっこを楽しんでいる。

事例6－2：子どもが作成した紙芝居

3. 児童文化財としての絵本，紙芝居，物語との出会い

（1）絵　本

　絵本や紙芝居，物語は，園で出会う非常に身近な児童文化財です。絵本は，原則として絵と文から構成され，様々な種類があります。多くの作者・編集者が工夫をこころみ，毎年多数の書籍が出版されています。絵本が普及したのは，日本では昭和の初め，そして戦後の昭和30年代以

降で，現在絵本がこれだけ普及したのはその流通が確保されていることにあるでしょう。絵本は主として乳幼児・児童を対象としていますが，より年齢の高い青少年や大人も楽しめるもので，大人が子どもに読み聞かせたい，子どもが面白がるだろうといった判断を働かせ，ある意味大人と子どもの共同鑑賞対象であり，共同構築物でもあります（無藤・野口・木村，2017）。

　絵本の種類は，その中核は物語絵本ですが，現在では多種多様なものが出版されています（表6－2）。

　昔話は時代の変化とともにその内容が変化し，表現や結末が現代的に変更されていることが多いようです。中にはパロディ化されているものもありますので，幼い子どもにふさわしいかどうか，あらためて内容を確認しておく必要があるでしょう。また，点訳絵本も出版されています。絵をさわるとでこぼこのシートや素材で形を確かめられるようになっていたり，文字が点字で示されるなど，触れて楽しむ絵本なども見られます。また，幼児向けの月刊誌なども広く普及し，楽しまれています。

（2）紙芝居

　紙芝居とは，ストーリーに従って描かれた何枚かの画面を，次々と引き抜きながら，ストーリー内容を効果的に語っていくメディア（上地，1997）であり，その裏側にはナレーションや登場人物のセリフなどの文の他，抜くタイミングや演じ方など演出ノートがあります。紙芝居舞台を使って演じます。

　現在では多くの園で読まれていますが，当初子ども向けではなく，大人が楽しんでいたものでした。紙芝居の元祖は江戸時代にさかのぼり，寄席などで上演された「写し絵」といわれるもので，明治・大正時代に紙人形のようなもので演じる「立絵」と呼ばれるものでした（齋藤，

表6−2　様々な絵本の種類

1．昔話・民話の絵本

　　日本や世界の国々に伝わる昔話・民話・説話・神話などをもとに，文章をおこして絵を付けて創作した絵本。同じ昔話でも作り手が違えば全く雰囲気が異なる。作り手によって，もともとの物語に加えてパロディ化した絵本もあるので，幼い子どもにふさわしい内容かどうか吟味して選ぶ必要がある。

2．物語の絵本

　　それぞれの絵本作家が，独創的な発想から自由に想像をめぐらせて創作した絵本。生活の一コマを丁寧に見つめる絵本やファンタジーの世界を旅する絵本など，様々な内容がある。

3．知識・科学の絵本，図鑑類

　　ある物事についての知識や科学分野のテーマを扱った絵本，ノンフィクションの事象を扱った絵本の総称。子ども向けの図鑑絵本も含まれる。

4．赤ちゃん絵本

　　0，1，2歳児頃の子どもに向けた絵本。生活場面や身近にあるもの，わらべうたなどを描いている。大人が赤ちゃんを抱っこしたり膝にのせて読むのにちょうどよいよう小さくなっている。出版社によっては，破れないよう厚紙にしたり角を丸くしたりして安全性に配慮したり，手触りのよい布製のもので作られたりしている。

5．文字なし絵本

　　文字がない，つまり読み聞かせる言葉が書かれておらず，絵だけの絵本。

6．写真絵本

　　絵の代わりに写真がある絵本。ただ写真であるだけでなく，絵本の絵と同様一枚一枚が被写体や事象，物語に必要な写真である必要がある。

7．しかけ絵本

　　絵本のページに穴があけられたり，ひろげたりひっぱったり，回すなど，絵と物語としかけが連動しており，しかけの働きかけが絵を変化させ，物語の展開に動きが生まれる。

8．言葉・詩の絵本

　　言葉そのもののおもしろさ，美しさを感じるきっかけとなる絵本。しりとり，なぞなぞ遊び，回文，アナグラム，折句，早口ことば，ことわざ，駄洒落，無理問答，えかきうた，かぞえうた，文字としてのあいうえお，アルファベットの形や音のおもしろさを描いた絵本，詩と絵の絵本など，音読によるリズムや響き，文字を読む楽しさを味わえる絵本。

（浅岡，2018より筆者が抜粋，加筆）

2018)。現在の一枚ずつの平絵の形式は大正末期から昭和にかけて登場し，演じられる場所も路上にて街頭紙芝居として流行しました。1932（昭和7）年5月20日，東京朝日新聞の特集記事にて街頭紙芝居に対する識者の意見が掲載され，倉橋惣三が「子供のために街に指導委員を－恐るべき紙芝居の感化力」と題する記事を寄せたそうです。1日の中で子どもが複数回目にする大流行の紙芝居の中には，子どもが見るに適さないものがあったようです（石山，2008）。段々子どもに向けた教育紙芝居も作成されるようになりました。昭和30年代から次第にテレビに移行し，街頭紙芝居は徐々に姿を消していったのです。

（3）保育の場における読み聞かせ

　保育の場など，読み聞かせを始める前に，絵本に開きぐせをつけておいたり，子どもがお話に集中しやすいよう環境を整えておくなど，準備をしておきましょう。また，表紙から裏表紙までしっかり見せましょう。裏表紙にも作者の工夫がみられる場合があります。絵本の読み聞かせを紙芝居と比較した時，先ほど紹介した紙芝居が「抜く」のに対し，絵本は「めくり」がポイントです。子どもは絵本のどこを見ているかというと，絵から得られる情報を主として取り入れ，読み聞かせをする保育者など読み手である大人の声を聴いています。次第に絵と文字・言葉を統合して内容を理解して物語の世界を楽しんだり，自分の経験と絵本の世界を結び付けたり，次のページ，すなわち先を予想して繰り返しを楽しんだり，さらに比較的長く一部挿絵のあるような物語の読み語りを聴いて想像をめぐらせたり，文字も自分で読みながら1人で絵本などを読むことも徐々に増えてきます（秋田，1998；無藤・野口・木村，2017）。読み聞かせをする時は，子どもの生活や興味関心，発達に即したものを十分に吟味し，子どもが楽しめるものを選ぶことが大切です。また，絵

本の読み聞かせに比べるとあまりみられないのですが，語り手である保育者が物語の内容を覚えて絵本や本等を見ずに語り聞かせる素話などは，明治時代から保育実践の場で広く行われてきた実践です。絵本や物語は，その多様な世界を大人も子どもも共有し，一緒に楽しめる機能を持つメディアです。

　浅岡（2018）は，児童文化の歴史的変化に対する視点を持つことの重要性について指摘しています。児童文化財として誰もが頭に浮かべてその拠りどころの一つにするのは，自分が子どもだった時に親しんだ，おもちゃ・絵本・童話・マンガ・アニメ・テレビ番組など，具体的・個別的な文化財で，体験に裏付けられた視点を持ち同時に自分を振り返る意味で大切なことではありますが，あくまで一個人の体験であり，同時代に生きたすべての人に共有されたわけではなく，具体的・個別的な児童文化財がその時代にどのような意味を持っていたのか，考えることが大切だと述べています。

　社会の変化とともに普及する新しいものについて常に知識を広げつつ，よいものを伝え継いでいくこと，大人の側の思いだけでなく，子ども一人一人にとってその魅力がどのようなものか理解すること，さらに，保育者として，子どもの経験に必要なものは何か，今とこれからの深い視点を持って選び，ともに楽しむことが大切なのではないでしょうか。

参考文献

・東京子ども図書館（編）（2018）『よみきかせのきほん：保育園・幼稚園・学校での実践ガイド』東京子ども図書館
　保育場面などで読み聞かせをおこないたい方に，基本のガイドとなるブックレット。様々な絵本が読みどころとともに紹介されているため，参考になります。

引用文献

秋田喜代美（1998）『読書の発達心理学：子どもの発達と読書環境』国土社

浅岡靖央（2018）「児童文化の歴史」 川勝泰介・浅岡靖央・生駒幸子（編著）『ことばと表現力を育む児童文化　第2版』萌文書林

浜田寿美男（1988）「ことば・シンボル・自我：《私》という物語のはじまり」岡本夏木（編著）『認識とことばの発達心理学』ミネルヴァ書房

石山幸弘（2008）『紙芝居文化史：資料で読み解く紙芝居の歴史』萌文書林

岸本健（2016）「なぜ赤ちゃんは指さしするのか？：言葉を話す前の赤ちゃんによる指さし」公益社団法人日本心理学会HP　心理学ミュージアム
https://psychmuseum.jp/show_room/pointing/（2020年7月現在）

小松孝至・野口隆子（2001）「幼稚園での経験に関する3歳児と母親の会話：その意義と機能に関する考察と検討」『大阪教育大学紀要（第Ⅳ部門，教育科学）』第50巻，第1号，61-78

無藤隆・野口隆子・木村美幸（2017）『絵本の魅力　その編集・実践・研究』フレーベル館

小椋たみ子・吉本祥江・坪田みのり（1997）「母親の育児語と子どもの言語発達，認知発達」『神戸大学発達科学部研究紀要』第5巻，第1号，1-14

小椋たみ子（2019）「言葉」 一般社団法人日本赤ちゃん学協会（編集）『赤ちゃん学で理解する乳児の発達と保育　第3巻　言葉・非認知的な心・学ぶ力』中央法規出版

岡本夏木（1982）『子どもとことば』岩波書店

齋藤二三子（2018）「紙芝居を楽しむために」 大越和孝・安見克夫・髙梨珪子・野上秀子・齋藤二三子（編著）『保育内容「言葉」 言葉とふれあい，言葉で育つ』135-139，東洋館出版社

上地ちづ子（1997）『紙芝居の歴史』久山社

学習課題

1．子どもと一緒に楽しめる言葉遊びを考えてみましょう。
2．絵本を選び，読み聞かせの練習をしてみましょう。その際，自分が
　読んだことのある絵本や過去20年以内に発刊された絵本，今まであま
　り読んだことのない種類の絵本など，様々なものを選んでみましょう。

7 | 子どもの表現と創造性

《**目標とポイント**》 子どもの創造性に関する理論や実践事例を通して，表現活動の意義について学ぶとともに，保育の場における配慮について理解します。

《**キーワード**》 子どもの表現，保育における表現活動，創造性

1. 表現の基盤となるもの

　幼少期からの自然との関わりの大切さを説いたアメリカの生物学者，レイチェル・カーソンはその著書『センス・オブ・ワンダー』の中で，次のように述べています。

　　子どもたちが出会う事実のひとつひとつが，やがて知識や知恵を生み出す種子だとしたら，様々な情緒やゆたかな感受性は，この種子をはぐくむ肥沃な土壌です。幼い子ども時代は，この土壌を耕すときです。

　　美しいものを美しいと感じる感覚，新しいものや未知なものにふれたときの感激，思いやり，憐れみ，賛嘆や愛情などのさまざまな形の感情がひとたびよびさまされると，次はその対象となるものについてもっとよく知りたいと思うようになります。そのようにして見つけだした知識は，しっかりと身につきます。

　消化する能力がまだそなわっていない子どもに，事実をうのみに
させるよりも，むしろ子どもが知りたがるような道を切りひらいて
やることのほうがどんなにたいせつであるかわかりません。

（カーソン，1996）

　他者から伝えられる知識を受容するよりも，まず，子どもが自ら五感
を通して体感することが重要であることを示唆しています。保育の場で
は言語表現，身体運動表現，音楽表現，造形表現，絵画表現など，遊び
活動として日々創造的に表現活動をおこなっています。表現をどのよう
に考えればよいでしょうか。表現は英語で「expression」ですが，「Ex-」
というのは，「外へ」という意味を表し，「press」は「押す」，つまり，「外
へ押し出す」という意味です。それとは逆に，「内側へ（In-）」押すと
いう意味の「impression」という英語もあり，「印象」と訳すことが多
いです。美しい物を見て，美しいという印象を受け，それに手を伸ばし
たり，「きれい」と思わずくちにしたり，その前でしばらくたたずんで
しまったりしたら，それは表現といえます（浜口，2018）。つまり，我々
は普段の生活で日常的に表現を繰り返しているといえます。

　表現とは，絵を描いたり何かを作ったり，文章を書いたり言葉で表し
たりするなど，わかる形となる前に，もっと多様なあり方でおこなわれ
ていると考えられます。その際，どのような出会いの場が環境に用意さ
れているのかによって，子どもの表現は異なってくるのではないでしょ
うか。

　次の事例は，保育者養成校に通う学生が園で観察をした時，ある子ど
もの姿が気になったとして残した記録です。

事例7－1：「良いもの」って何だろう（4歳児11月）

　あるよく晴れた日，4歳児クラスで近くの河原へ散歩に行きました。事前にお気に入りのものを見つけたら持って帰り，園で製作に使おうと保育者から説明を受けていました。

　Dくんは，川の近くで石を集めていました。周りの子どもたちは，水に触れたり，地面に落ちている様々なものに興味をもって拾っていたりしたので，じっと石だけを見つめて，何か作業しているDくんが気になりました。Dくんは集めた石を不思議な形に積み上げ始めました。私が「何を作ってるの？」と尋ねると，Dくんは「良いもの作ってるの！」と言って，何を作っているのかは教えてくれませんでした。「かっこいいね」と言い，近くに赤色の石があったので渡すと，Dくんは「あ！」と言って赤色の石を手に取り，積み上げられた石の隙間に置きました。そして，「これライトね」と言いました。赤色の石をもう1つ見つけて，先ほどのライトと同じように置きました。ここまで見ていて，もしかすると車ではないかな，と思いました。Dくんのそばにsくんが来て，「何作っているの？」と聞きました。そうするとDくんは「良いものだよ，ブーン」と言いました。Dくんの「ブーン」という言葉から，車だったことがわかりました。何を作っているのか直接聞いてもわからない時でも，Dくんのイメージしているもののキーワードをふとした時に言っていたりするので，聞き取っていかなければと感じました。Dくんは戻る時間までじっくりと石を並べ，何かを作っていました。

　川から帰る時間になり，Dくんのビニール袋の中身が空なことに気が付きました。周りの子どもたちのビニール袋の中にはそれぞれのお気に入りのものが入っていたのですが，Dくんのビニール袋は空だったので，どうしたのだろう，と心配になりました。私が持っていた葉や石をDくんにあげようとしたのですが，「そんなのいらない」と言われました。

　散歩に行った河原でじっくりと遊び，満足する姿をみせていたD児でした。実習生は子どもの表現を聞き取ろうとしたり，"不思議な形"，"かっこいい"，"車"，とあてはめたり解釈したりしようとしています。子ども側に先に何か作りたいものがあったのかどうかはわかりませんが，少なくとも興味をひかれるもの，面白いものを次々とみつけて手にとり，置いてみたり，ライトのような石があったことで，イメージが固まっていったようで，こうした場合一連の行為の中で形となっていくプロセスを表現として捉えてもよいのではないでしょうか。この事例の保育者にとっては，散歩は次の製作活動に向けての素材集めが一つの目的だったようですが，この時D児はすでにその場で発見したお気に入りのものを取り入れて"良いもの"を作っていました。表現者を主体としてみると，表現する行為をプロセスの中から捉えることができます。大人はどうしてそういうことをするのか，その子が表現を今したいということを好意的に，意味のあることとして捉える，その態度が，子どもの表現を支えていきます。その理解自体が正しいかどうかではなく，保育者が子どもの表現に意味を見出しながら，側にいることが非常に大切（浜口，2018）だと考えられます。

　事例7－2は，海外のある保育園でみかけたものです。登園してまず名前を記入する保護者の姿をみて，「私が（も）する」と真似てサインする子どものための用紙が設けられていました。子どもは正確に名前が書けるわけではなく，保護者のサインは重要で大事な資料で別に記入用紙が設けられているのですが，子どもの意欲を尊重する保育者の関わりとともに，園で生活し遊ぶ主体者は誰なのか，考えさせられる事例です。1歳児が手を伸ばしペンを握る様子を保護者・保育者が笑顔で見守っていました。

事例7－2：子どものサイン

2. 創造のプロセス

　要領・指針の領域「表現」では，「感じたことや考えたことを自分なりに表現することを通して，豊かな感性や表現する力を養い，創造性を豊かにする」とされています。

　創造性は急激に変化する今日の社会で求められる資質の一つです。しかしその一方で，一般的に創造性とは多様で複雑な現象であり，容易に定義することは難しく，例えば「新しく，質が高く，適切なアイディアや物事を生み出すこと」とされており，周囲にとってどういうものであるか，という観点を含みこんでいます（Booth，2015；岡田，2013；西浦，2011）。しかし，多くのことが子どもにとって未知であることがほとんどです。子どもが身近な環境に関わっていく際，子どものスキルや能力が発達過程にあったり既存の知識や先行経験がなかったりする中で，日々の遊びは新たな価値を見出し発見する開拓の連続だといえます。大人にとっては成長の過程で経てきた事柄が多いために子どもが"新しく

生み出すこと"が既知のもの，当たり前のものとして受けとめられ見逃されたり，大人の評価基準で計画された結果を重視してしまう傾向があるのではないでしょうか。

　乳幼児期は，子どもが「自分なり」の表現をしようとする姿を肯定的に捉え支えることで，表現しようとする意欲，態度が育つのだと考えられます。創造性には，特別な才能がある人がする芸術活動だというイメージがありますが，創造性とは誰もが発揮する可能性を持ち，ひとやもの，環境との関わりの中で創発される多様な活動だといえるでしょう。

　表現は自由におこなうことができますが，素材と関わり探究するにあたって，子どもが繰り返し用いるパターンがあり，子どもの手と創造性が生み出す動きや形態に着目し，創造性を素材と子どもの対話としてその扱いに関する規則性を組み合わせながら様々な可能性を引き出し，作品を生み出すことができます（秋田，2018）。伊藤（2018）は素材や材料を使われる，作る材料という枠づけをせず，子どもとものとの「出会いの場」として捉え観察をしたところ，子どもは新鮮に，オープンに素材とかかわり，対象の変化を丁寧に観察し，理解している様子を見出しているといいます。素材を手が探り，イメージが付与され，比較し，並べ，くっつけたりあつめたり，言葉のつぶやきにのせ，そばにいる人の動きをまね，友達と共有する，など，創造の可能性はさらに広がります。

　次ページの写真を見てみましょう。1 歳児クラスでは絵具によるフィンガーペインティングを存分に楽しみ，年明けに墨汁を体験した事例です。大人にとってはあたかも「書き初め」，のようにみえますが，指をとんとおいたり，ひっぱったり，こすったり，流したり，手のひらでひきずったり，一人ひとりがそれぞれに手先指先を使っていることがわかります。子どもが関わり，あじわうプロセスをその中で丁寧にみとることと同時に，作られたものを後からみていくことも重要です。

事例7－3：墨汁との出会い

3. 豊かな創造性を育む

　図7－1は，日々園で子どもの創造的な表現活動を援助している保育者の先生方と事例をもとに話し合い，創造性に関わるキーワードをプロセスとしてまとめています。

　創り出す動きは，保育における遊びの活動を通して様々に現れます。その前提となるのが，子どもが情緒的に安定し，安心できる環境の下で対象と出会い，関わる場が設けられていることでしょう。対象との関わりにおいて，感性が揺さぶられ，新たな発見をし，既に持っている知識や先行経験と結び付けたりしながら面白さ・楽しさを感じ，繰り返し試行錯誤する中で夢中・没頭する姿があるでしょう。子どもは驚いたり感じたりしたことを言葉にし，相手に伝えたり，アイディアを出したりし合いながら，段々と話し合い，イメージを共有しながら共に参加していきます。工夫したプロセスを共有することでお互いに認め合い，さらに

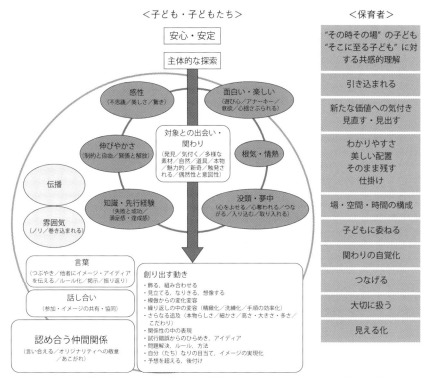

**図7−1　子ども・子どもたちの「創造」プロセスと保育・幼児教育のポイ
　　　　ント**（野口，2018）

あこがれる気持ちとともに自分もやってみたくなるなど，クラスに楽し
い雰囲気が伝播していきます。

　保育者の援助について，基本となるのは，“その時その場”の子ども，
“そこに至る子ども”への共感的理解であり，保育者自身も子どもの表
現に引き込まれたり，子どもにとっての価値を見出したりする感覚をと
もなっています。対象との「出会いの場」は，子どもにとって手に取り
やすく使いやすいようにしたり，様々な色など美しく配置したり，作っ

事例7－4：保育者の援助

サッカーをしていて，得点表が必要になり，保育者と一緒に作る

子どもの絵が額縁にいれて飾られている

ている途中のものをとっておいてなるべく残したりすることで深まります。子どもの表現を大切に扱うことで子どもの自信や認め合う関係性，続きをやりたいと思うことにもつながるでしょう。

「作る」というと「子どもに作らせる」こととして考えられがちですが，子どもの感じたこと，子どもなりの表現に委ね，見守ることに徹する場合もあります。道具やものなどを扱う際，通常とは違うやり方をすることがあります。例えば，かごを頭からかぶってみたり，折り紙を切って水と一緒にいれジュースにしてみたりなど，大人の想定外に，自由に子どもなりに使う場合もみうけられます。田中（2015）は子どもの力量がともなわないときは，子どもに委ねてうまくできない体験にしてしまうよりも，むしろ保育者がモデルとして作ってあげることで子どもの意欲を引き出すこともあると述べています。子どもが何か遊びに必要なものを欲しいと感じた時，身近な材料を用いて簡便な方法で，かつ子どもの満足をある程度満たすような形で，目の前で作ることに意味があり，壊

れたら直してまた使えるということ，様々な材料と作り方をごく自然に学びとっていくということ，そして結果的に子ども一人ひとりの思いに応えて作るので信頼関係が深まる場合もあります。保育者は子どもへの関わりを自覚化し，子どもの表現を受け止めることを大切にしています。そして子どものイメージを実現したり，見える化するなど，しかけを用意したりする保育者からの働きかけも重要です。

　小川（2000）は，保育者が援助として遊びのモデルになる際，まず保育者が表現者となること，モノを加工したり，演技したりして自分のイメージと格闘することであり，自分と向き合うこと，モノや事柄に対し気を入れる，ということだと述べています。そして，子どもがものと関わる時には，保育者は自らの役割をモデルから"共同作業者"，"共鳴者"の役割へと変換し，「気を送り合う」ことへと転じていく，としています。

　園の文化，環境はその中にいると見えにくく気付きにくい特徴があります。例えば，保育者の声や子どもの声，楽器など，音の環境などもその一つです。志村（2016）は，ある私立保育園 5 歳児22名と保育士 1 名の一日の活動で室内音レベルの変化を測定した結果，測定値上騒音環境ではない時間帯は午睡時間と散歩時間だけに限られていて，保育室内にいるときは常に音量の大きい音に囲まれている状態だったと指摘しています。保育者の声も，子ども同士の声も聴きとりづらく，声を張り上げてのやりとりになりがちだったといいます。四角い大きな教室形態で高い天井，吸音材が全く使われておらず，隣室からの音も常に存在するなどの保育室空間の持つ音響特性があることも要因です。志村（2017）はスウェーデンのストックホルム市内の保育園で音環境を測定したところ，子ども達の動きや言葉のやりとりがダイナミックで活き活きしていたにもかかわらず音環境は日本と比べて低かったといいます。保育室は

家庭を模したいくつかの部屋から構成され音が分散されやすく，またスウェーデンでは室内の残響値に国の基準があり，保育室の天井には吸収材が張られ少しくらい騒いでも反響しにくかったようです。音環境に関する比較調査から，響いていても気にならないとする者が多い傾向が示されました。喧噪感がある保育室が常態化し，歌唱においても「大きな声」で「元気に」歌うことが推奨される傾向があるなど，「音」に対する環境は課題があることを指摘しています。一般的に，吸音素材となるカーペットや畳，床材を整備したり，聞き耳をたてたり音を楽しむ実践などを意識しておこなうなど，見える環境だけでなく「聞く」を意識した環境に配慮することで，保育室を居心地の良いものにし，音感受を高める保育となります。

　子どもの表現を，創造性を，その周囲にいる大人がどのように受け止めているのかが鍵となります。新たな価値を共有し創り出すこと，保育者・園が創造的であることが必要なのではないでしょうか。

参考文献

・公益財団法人日本教材文化研究財団（2018）『これからの時代に求められる資質・能力を育成するための幼児教育指導　豊かな創造性を育む　調査研究シリーズ』No.71
http://www.jfecr.or.jp/cms/zaidan/publication/pub-data/chosa/chosa711.pdf
（2020年7月現在）
　「創造性」に焦点をあてて理論と実践について保育者と研究者が語り合い，それぞれの園の特徴をふまえて報告しています。写真等も豊富で参考にしやすく，巻末に研修に役立つワークシートも紹介しています。

引用文献

秋田喜代美（2018）「研究の目的と実施体制」『これからの時代に求められる資質・能力を育成するための幼児教育指導　豊かな創造性を育む　調査研究シリーズ』No.71，11-20，公益財団法人日本教材文化研究財団

Booth,E.（2015）Creativity in the arts and arts education：Intentionally reclaiming our rightful, central place. Fleming,M., Bresler, L., & O' Toole, J.（Eds.）The Routledge International Handbook of the Arts and Education. Routledge, 50-59.

カーソン,R.（著），上遠恵子（訳）（1996）『センス・オブ・ワンダー』新潮社

浜口順子（2018）「乳幼児期の発達と表現」　無藤隆（監修），浜口順子（編者代表）『事例で学ぶ保育内容〈領域〉表現』47-68，萌文書林

伊藤史子（2018）「創造性を関係性のなかでとらえた 3 つの場面の分析と創造性を育む（関係性へいざなう）素材や環境のあり方について～芸術・デザインの視点から～」『これからの時代に求められる資質・能力を育成するための幼児教育指導　豊かな創造性を育む　調査研究シリーズ』No.71，113-129，公益財団法人日本教材文化研究財団

西浦和樹（2011）「創造性教育の現状と創造的問題解決力の育成—教育ツールの活用による人間関係構築の試み—」『教育心理学年報』第50巻，199-207，一般社団法人日本教育心理学会

野口隆子（2018）「子どもの『創造』プロセスと保育の視点を探る—年間を通した保育環境・保育材に関する語りとキーワードに関する分析—」『これからの時代に求められる資質・能力を育成するための幼児教育指導　豊かな創造性を育む　調査研究シリーズ』No.71，21-30，公益財団法人日本教材文化研究財団

小川博久（2000）『保育援助論』生活ジャーナル

岡田猛（2013）「創造的な社会を作るための心理学者の回り道」『心理学ワールド』63号，9-12，公益社団法人日本心理学会

志村洋子（2017）「音楽」　一般社団法人日本赤ちゃん学協会（編集），小西行郎・小西薫・志村洋子（著）『赤ちゃん学で理解する乳児の発達と保育　第 2 巻　運動・遊び・音楽』95-156，中央法規出版

志村洋子（2016）「保育活動と保育室内の音環境：音声コミュニケーションを育む空間をめざして」『日本音響学会誌』第72巻，第 3 号，144-151，一般社団法人日

本音響学会

田中三保子（2015）「第6章　保育の実践2—保育者の意識と保育行為」　関口はつ江（編著）『保育の基礎を培う保育原理』萌文書林

学習課題

1．次の写真をみてみましょう。

① 　子どもは何を感じているでしょうか。どんなことを工夫しているでしょうか。自分の経験を振り返り，書きだしてみましょう。

② 　手のひら，指先はどのような感覚でしょうか。オノマトペで表してみましょう。

③ 　ここからもっとやってみたいことはありますか？　自分で遊んでみたいことを想像してみましょう。

（経験のない場合や感覚を忘れてしまった場合などは，泥団子を一度作ってみましょう）

2．サウンドマップをつくりましょう。

　自宅，園，公園，どこかの場所を選び，静かに過ごしてみましょう。耳を澄ませると，どんな音が聞こえるでしょうか。じっくり聞き取り，その音を簡単に絵で表しましょう。

8 | 子どもの理解と評価

《**目標とポイント**》 保育における子どもの理解と評価に関する基本的な知識, 保育者としての姿勢について理解し, 子どもの実態把握と保育の計画, 評価との関係, 省察を記録, 実践の循環性について学びます。本章を通して, 自分自身の子ども観, 教育観を振り返り, 保育における子どもの理解と照らし合わせて必要な態度を考えます。

《**キーワード**》 子どもの理解, 記録, 評価と改善の一体性, PDCA

1. 子どもの理解に基づく評価とは

　まず, 保育・幼児教育における子どもの理解と評価に関する基本的知識について解説し, 共通理解をはかりたいと思います。「子どもを理解する」, という言葉だけを聞くと日常でもよくつかわれる言葉なのですが, 保育・幼児教育で用いられる "子ども理解 (「幼児理解」, 「園児の理解」)" という言葉は専門的な観点を含む用語です。また, 「評価」というと, できるできないといった達成度や成績表のようなイメージがありますが, 保育・幼児教育における「評価」は保育者の保育実践及びその改善と表裏一体だとされています。

　文部科学省から「幼児理解に基づいた評価」という資料が公刊されていますので参照し確認してみましょう (文部科学省, 2019)。そこには, 幼児を理解することが "全ての保育の出発点" だと述べられています。しかし, それは行動を分析してその意味を解釈することではなく, 何歳

とはこういう姿と一般化された姿を基準として一人一人の子どもを基準に照らして比較したりすることでも，子どもを比較して優劣を評定することでもない，といいます。引用してみると「幼児を理解するとは一人一人の幼児と直接に触れ合いながら，幼児の言動や表情から，思いや考えなどを理解しかつ受け止め，その幼児のよさや可能性を理解しようとすることを指しているのです。そのためには，安易に分かったと思い込んだり，この子はこうだと決め付けたりしてしまうのではなく，幼児と生活を共にしながら，『……らしい』，『……ではないか』など，表面に表れた行動から内面を推し量ってみることや，内面に沿っていこうとする姿勢が大切」だとされています。特に，保育者の関わり方や姿勢に目を向けることであり，子どもを肯定的に捉え，温かい関係を育てることそのものが理解過程なのです。また，様々な出来事に対する感じ方，考え方，受けとめ方は子ども一人ひとり異なっていますので，子どもの立場になって理解しようとする姿勢，子どもの気持ちを決めつけず，子ど

幼稚園教育要領 ＊（　）は幼保連携型認定こども園教育・保育要領の文言

第4　指導計画の作成と幼児（園児の）理解に基づいた評価

　4　幼児（園児の）理解に基づいた評価の実施

　　幼児（園児）一人一人の発達の理解に基づいた評価の実施に当たっては，次の事項に配慮するものとする。

　（1）　指導の過程を振り返りながら幼児（園児）の理解を進め，幼児（園児）一人一人のよさや可能性などを把握し，指導の改善に生かすようにすること。その際，他の幼児（園児）との比較や一定の基準に対する達成度についての評定によって捉えるものではないことに留意すること。

　（2）　評価の妥当性や信頼性が高められるよう創意工夫を行い，組織的かつ計画的な取組を推進するとともに，次年度又は小学校等にその内容が適切に引き継がれるようにすること。

もの言葉にならない心持ち，内面を理解しようとする姿勢，一つの場面や行動だけを捉えるのではなく一人一人の育ちに期待をもって長い目で見ていく姿勢が必要だとしています。幼稚園教育要領（及び幼保連携型認定こども園教育・保育要領）の記載事項も確認しておきましょう。

　保育や保育者の語りから，子どもを理解する上で必要なまなざしについて，次の2つの事例をもとに見てみましょう。

事例8－1：「笑わないで」（5歳男児12月）

　ある日，保護者の方も参観するお遊戯会の檀上で，Y児が笑顔で「うわあ」と言いながら転びました。クラス全員で舞台に上がり皆緊張の面持ちで位置につこうとしていた時，始まる前でしたので，転んだタイミングは外から見ているとほほえましく，しかも笑顔だったので非常にかわいらしく，保護者の間からつい誘われるようにどっと笑いが起きました。しかし，Y児は泣きそうな顔になりその場に伏したまま「笑わないで」と言います。そこで笑いはとまりました。

　周りで見守っていた園長先生，担任保育者は最初から笑っていませんでした。Y児の発声より前に担任の先生がさっとかけより「大丈夫だからね，できる？」と確認しつつ励まし，園長先生は「笑わないよ」とY児と同じ真剣な顔をしています。クラスでの練習，舞台に上がる前の様子でY児がお遊戯会を楽しみにしつつもできないかもしれないと不安な姿をみせ，やっとむかえた当日に緊張で笑顔になっていたのを知っていたからです。しばらくの間伏した後，先生の励ましに気持ちを持ち直し，立ち上がり，歌を歌い始めました。

事例8－2：ある初任保育者の語りにみるプロセスから捉える子ども
（野口，2015）

「今まで苦労したことといえば，1年目1学期，何もかもわからなかったので大変でした。子どもが部屋に集まってくれないとか，自分が話をしたいんだけどどうしたら聞いてくれるだろうかとか。1年目2年目は今ふりかえると必死でした。その時一緒に担任だった先生（主任）は，子ども一人ひとりを尊重する先生でした。10月，なかなか部屋に入れず，お友達にもつい手が出てしまうEくん，先生はすごく温かくみていました。Eくんが気持ちをいってきたらそうじゃないんだってまっすぐに向き合っている姿を見ました。一方で保育後の反省会の時には，『Eくんはこういういいところがある』と良いところをみつけて教えてくれる。年長（5歳）の10月だったということもあって，先生が保育中に説明してくれたんですね。例えば製作の時間で子どもたちが作り始めて，ちょっと時間がある時に『あの子が〜やってるでしょ。それは〜という考えがあってやっているのよ』『あの子はお友だちの真似してるでしょ，でも今までは何も描けなかったのよ。真似するだけでもあの子の成長なのね』って教えてくれました。短い時間でしたがそういうふうに子どもを前にして言ってもらえて，真似でも自分で描こうと描けるようになったという過程があるのだと気がつきました。他の子どもはもっと出来ていたとしても，その子どもなりのがんばりを認めていく先生でした。」

　保育者は，子どもの経験するその時その場の心持ちに寄り添い，状況に応じた判断をしながら保育をしていること，その時その場の子どもの身になって即応的に必要な援助をおこなっていることがうかがえました。また，その子なりの個性とよいところにまなざしを向け，育ちのプロセスの中で長い目で肯定的に見ていこうとする姿勢もうかがえます。

信頼できる保育者の関わり方で子どもの興味関心意欲は方向付けられ，取り込まれていきます。子どもの行動や心の動きを共感的に理解しようとし，子どもに豊かな経験となるよう保育を改善しようとする営みが大切なのです。

2. 子どもを「見る」こと，「関わる」こと

　大人・保育者が子どもに向ける眼差しの意味が問われますが，「見る」という行為は客観的な観察だけをすることではありません。保育者の実践として具体的に何をしているのでしょうか。まずはクラスの実践として，できるだけ動き，視線を向け，かつ子ども一人ひとりの興味関心に寄り添い共に生活し遊ぶことが含まれます。保育者の"居方"が問われる非常に感覚的なものを含むと考えてよいでしょう。

　田中（2015）は，保育者としての自らの保育実践経験を振り返ってその感覚を言葉にしています。「見る」と一口にいっても「見る人（主体）―見られる人（客体）」の関係でいると子どもとの距離を深めにくく心理的距離があること，また無意識のうちに教えてあげたい，教えてあげなくてはとの思いで教えるべきところを探したり，いざこざにすぐに対応できるように構えながら見続けたりする場合，子どもは敏感にその視線を感じ取り，それに応じた行動をとる可能性があると指摘しています。そして，自分自身保育の場では保育に関する知識や役割，今までの出来事などをいったん意識的に自分から追い払って頭や心の中を空にし，中空の器のつもりで自分を子どもに差し出し，保育者としての思いや考えなども脇に寄せ，子どもを自分の内に迎え入れるよりをできるだけたくさんつくると自然に見えてくるものがあり，自分の価値や枠組にとらわれるその子をその子として受け取ることができる，と述べています。子どもに対し無意識に理想のあるべき子ども像を投影したりすると，子ど

もの実態を把握できなくなります。できるできないといった観点だけで子どもを見ると，子どもは常にできるように追い立てられてしまう可能性があることを示唆しています。

　小川（2010）は，保育者は保育をしながら時に幼児と一緒になって喜びを共有し笑いあい，夢中になることも必要で，そのような保育者の自然な表情にこそ幼児との共感（遊びの雰囲気にノリを合わせる）が生じると述べています。幼児の遊びが盛り上がり，もはや保育者がその場にいて支える必要がないと気付いたその瞬間に，自分の立ち位置に気付き，遊びの外にいるという自覚をもたらし，その瞬間に保育室や園庭のさまざまな活動が見えてきます。保育者が遊びの展開の中で一人一人の幼児理解にたどりつくため，一時点での理解（点としての理解）を個々の集の遊びの理解へとうつし，時間的変化をもつなぎ，線の理解にしていくことの大切さ，また一日の保育が終わった時，子どもの姿を思い浮かべ，アイコンタクトの記憶のない幼児や出会った記憶のない幼児がいることに気付き，幼児を匿名化していたこと，相互コミュニケーションの欠如が生じたことに気付き，次の日に意図してその幼児との出会いを用意することで，保育者と幼児の関係性の意図を修復することの必要性があると指摘していました。

　自分の行為を対象化し，振り返ることを省察（リフレクション）といいます。哲学者ショーンは，高度で体系的な知識を持つ専門家が実践場面でその知識を合理的に適用していく従来の技術的熟達者モデルがあるが，それでは実践場面の複雑性，不確実性，独自性，価値観への衝突といった諸現象への対応に限界が生じるとし，専門家の実践として，実践の文脈の中で手段と目的，考えることと行動とを分離せず問題状況にかかわり探求的な状況との対話に基づく省察的実践家モデルを提唱しました（ショーン，2007；古賀，2019）。

　津守（1987）は省察について，次のように述べています。

　　省察は，次の日につづく保育の実践の素地となる。いかに省察がな
　されていようとも，翌日は新たな一日であって，前日までの理解は
　わきにおいて，新たに子どもと出会うのだが，それにもかかわらず，
　省察は保育の実践に欠くことのできない作業である。省察によって，
　子どもの理解は深められ，次の日の実践はそこから出発する。日々
　の省察において，子どもの理解が完全になされることはありえない。
　不十分なままに，おとなも子どもも次の新たな日を迎え，新しい一
　日を形成する。新たな省察がその上に重ねられる。こうして，子ど
　もの成長とおとなの成長とは，保育において同時に進行する。
　　いつも他人の中に身をさらしている保育者が，一歩退いて，熟考
　と思索の時をもつことは重要であると思う。そうして，子どもとの
　間の体験を，それが困惑や挫折の感情を伴うものであろうとも，自
　分として考え直すことによって，その体験に流されずに意味を見出
　すことができる。　　　　　　　　　　　　　　　　　（津守，1987）

　秋田（2000）は，保育者が振り返り・省察と聞くと「ごめんなさい」「う
まくいかなかった」「できなかった」など反省会として自分のいたらな
いところを考えて自分を責めがちですが，「こんな方法もあった」「こん
な関わりもありえる」と他の見方に気付き，保育中に十分には捉えられ
なかった子どもの行動の意図や子どもにとっての活動の意味を考えるこ
とが新しいものを見出す「次への一歩」だとしています。また，省察の
手立てとして次の5点を提案しています。第1に，一人で振り返るので
はなく，他者とともに語り合ってみること，協働の省察です。第2に，
印象だけに流されないよう具体個別的な行動や言葉，子どもが関わった

物や事物の性質に立ち戻ってつぶさにみることです。第3に，一つの活動や一日の保育に対する実践者の関わりにおける省察，特定の個々の子どもの成長発達や保育者の関わりなど長期的時間の流れにおける省察など組み合わせ，保育時間の構成や保育室・園庭の物理的な環境構成も振り返ることです。第4に，保育がうまくいったかどうかという水準だけでなく，なぜこの環境構成なのか，なぜこの方法をとるのかなど，子どもや教師にとってどのような意味があったのだろうかと考える考察です。第5に，省察は自らの感情や身体感覚という心や体の動きに敏感になり振り返ることであり，子どもと関わった時の感覚を起点として自分を振り返ってみることが重要だ，としています。

3. 保育における子どもの理解と計画，評価

　河邉（2005）は，保育における事実の把握と実態把握の違いについて述べ，子どもの姿から日々のねらいをたて，計画し，実践にうつすことの重要性について取り上げています。ねらいや計画が先にあるのではなく，子どもの事実から育ちや保育の課題をふまえた実態把握を行い，計

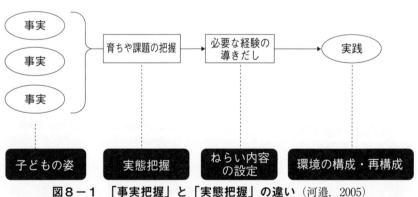

図8-1　「事実把握」と「実態把握」の違い（河邉，2005）

画的に環境を構成（再構成）するという流れがあります（図8−1）。

　保育は一日を単位とした循環の中で省察・評価がおこなわれ，週，月，年の単位でも繰り返されます。これらの過程において，記録するという作業は重要な役割を担っています（文部科学省，2013）。保育者は保育実践行為の中で意識的・無意識的にふるまい，たくさんの事柄に気付き，感じ考えながら保育をしていますが，その多くは忘れ去られ，強く印象に残ったことしか記憶していないということがよくあります。子どもの成長発達については，長いスパンを経てから変化のきっかけに気付くことがあります。

　記録の書き方には，保育者が気付いた事や面白いと思った事を含む遊びの記録，一人の子どもを中心に追って書いてみる記録，一日の流れ全体を振り返る記録，クラス全体の遊びや子どもの関係性を空間的に描写しつつ保育者の願いや援助の方向，環境構成を書いていく記録など，保育者の振り返りのあり方によって様々な記録をとることが可能です。書く・描く，という行為は，曖昧で不明瞭な部分を意識化・言語化し，身体で表す自分自身の保育行為を客観視することであり，周囲を取り巻くありとあらゆる環境から子どもの関わり，関係性を取り出して振り返り，残すことです。言語化し，記録化する，それ自体非常に専門的行為だと考えられます（野口，2015）。さらに，筆記による記録だけでなく，環境構成に関する写真，保育の活動を撮影した動画など，機材を利用した記録も具体的に保育を検討する際の手立てとなります。そうした記録を他の同僚保育者と共有し，園内研修に活かすことで一つの場面を多くの目で理解し話し合いを通して意見を交換することができます。また，記録は園内の保育実践の質向上のみならず，保護者との連携にも用いられます（事例8−3）。

　活動の中の子どもの様子や気持ち・考えなどが伝わりやすい写真（表

事例8−3：保育を伝える園内掲示（福田，2016）

情や構図）を選んだり，写真だけでなく子どもの言葉なども添えると，保護者が子どもの経験や学びに共感しやすくなります。付箋などを用意し，保護者に子どもの気持ちを推測して書いてもらうようにお願いする保護者参加型の掲示，子どもが自分で書きこむ子ども参加型の掲示もみかけます。掲示も壁の低めの位置に設定するなどすることで，保護者と子どもが掲示を介してつながりやすくなります。また，保育者からは活動のねらいや子どもの状態，保育の援助に関する説明の文章を入れたり，要領・指針と照らし合わせた文章など，保護者にとって園の保育がわかりやすく理解できるよう心掛けることで，園と家庭の連携・協同を可能とします。

　日々の保育実践の記録を資料としつつ，園に在園する幼児の学籍に関する記録，指導に関する記録から構成される幼稚園幼児指導要録の記入作成義務があります（幼保連携型認定こども園においては幼保連携型認定こども園園児指導要録，保育所においては保育所児童保育要録など）。指導要録には，１年間の指導の過程を残し，より良い指導を考え，子ども一人ひとりのよさや可能性を積極的に評価しながら発達の状況を整理する役割を持ちます。そして小学校へ進学する際には指導要録の抄本又

は写しを進学先の校長に送付しなければなりません（学校教育法施行規則第24条第2項）。小学校では，送付された指導要録の内容から一人ひとりの子どもの園生活，子どもの良さや可能性，保育者による援助・指導の過程を受け止め，小学校においても引き続き子どもにより良い指導を行う上での参考資料とされるのです（第10章参照）。

　日々の保育実践は子どもの姿と省察を基盤とします。その実践は，短期・長期の指導計画とつながり，園のカリキュラムや全体的な計画の編成につながります。あるいは計画やカリキュラム自体子どもの姿に立ち戻り，見直しが図られ，編成されていくことが必要です（カリキュラムマネジメント）。評価は保育者の自己評価，また園全体でおこなう自己評価の両方を基本としつつ，一方で外部の評価・学校関係者評価など，

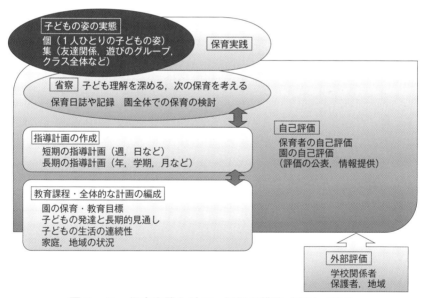

図8-2　保育実践と計画，評価の構造（野口，2012）

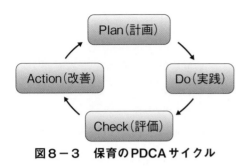

図8-3　保育のPDCAサイクル

外部評価もまた園の保育を改善するためにおこなわれます（図8-2）。

　保育における実践，計画，評価において，PDCAサイクルが重要だといわれています。PDCAとは，Plan（計画），Do（実践），Check（評価），Action（改善）を意味します（図8-3）。計画から始まる工業生産的な事業サイクルに対し，保育実践のサイクルは計画の前にまず子どもの理解があり，実践と省察を通してさらに子どもの理解が深まり，次の計画へとつながるとする，いわば，UDDR構造（中坪ら，2011）を持つのではないかという指摘があります。UDDRとは，子どもの理解（Understand），計画（空間・時間など，より全体的なDesign），実践（Do），反省（Reflection），です。

　自分はどのように子どもを見ているのか，そして子どもはどのようにそのまなざしを受け止めているのか，子どもを理解し評価しようとすることは，する側の見方と切り離すことはできず，鏡のように大人のまなざしを映し返し，時につきかえしてくるのではないでしょうか。よかれと思って行動したことが方法として最善のものであるとは限りません。また，無意識の言動が子どもに影響を与えることがあります。ある保育者は，子どもが何気なく遊びの中で使っている言い回しが普段自分が言っていることそのままだったと気付き，はっと思ったそうです。子どもの教育・保育にあたる大人は，自分の言動を振り返り，それが子どもにとってどのような意味を持つのか，子どもと関わりながら常に感じ，考えていくことが必要なのだと思います。

参考文献

・津守真（1987）『子どもの世界をどうみるか：行為とその意味』NHK出版
　　人間学的理解に基づき，子どもが遊ぶ行為の中に意味を見出し，子どもの生き
　た姿を捉えようとする筆者自身の日々の実践を通して考察した保育論。
・文部科学省（2013）『幼稚園教育指導資料第5集　指導と評価に生かす記録：平
　成25年7月』チャイルド本社
　　保育者の専門性を高め指導や評価にどのように生かすのか，幼児理解のための
　記録について実践の中で積み重ねられた様々な実践例を取り上げ，解説していま
　す。

引用文献

秋田喜代美（2000）『知をそだてる保育：遊びでそだつ子どものかしこさ』ひかり
　のくに
福田奈美恵（2016）「食育から見る挑戦的意欲」『子どもの挑戦的意欲を育てる保
　育環境・保育材のあり方　調査研究シリーズ』No.62，129-141，公益財団法人日
　本教材文化研究財団
河邉貴子（2005）『遊びを中心とした保育：保育記録から読み解く「援助」と「展開」』
　萌文書林
古賀松香（2019）「省察的実践家」　秋田喜代美（監修），東京大学大学院教育学研
　究科附属発達保育実践政策学センター（編著）『保育学用語辞典』中央法規出版
文部科学省（2019）『幼児理解に基づいた評価：平成31年3月』チャイルド本社
文部科学省（2013）『幼稚園教育指導資料第5集　指導と評価に生かす記録：平成
　25年7月』チャイルド本社
中坪史典・香曽我部琢・後藤範子・上田敏丈（2011）「幼児理解から出発する保育
　実践の意義と課題―幼児理解・保育計画（デザイン）・実践・省察の循環モデル
　の提案」『子ども社会研究』第17号，83-94，日本子ども社会学会
野口隆子（2015）「保育者の専門的発達―幼稚園保育文化と語り―」白梅学園大学

120

野口隆子（2012）「保育の実践と省察」　小田豊（監修），岡上直子・髙梨珪子（編著）
『保育者論』光生館

小川博久（2010）『遊び保育論』萌文書林

ショーン，D.A.（著），柳沢昌一・三輪建二（監訳）（2007）『省察的実践とは何か：
プロフェッショナルの行為と思考』鳳書房

田中三保子（2015）「第6章　保育の実践2—保育者の意識と保育行為」　関口はつ
江（編著）『保育の基礎を培う保育原理』萌文書林

津守真（1987）『子どもの世界をどうみるか：行為とその意味』NHK出版

学習課題

1．今日の生活場面で相手とやり取りを交わした一場面を取り上げ，丁
寧に記録してみましょう。言葉だけでなく，相手の受け答えや表情，
身振り，動作なども含め具体的に書きながら，その時に自分が感じた
り考えたりしたことを振り返ってみましょう。

2．次の資料を読んで，子どもの理解について考えてみましょう。

・文部科学省「幼児理解に基づいた評価」2019（平成31）年3月
https://www.mext.go.jp/a_menu/shotou/youchien/07121724/1296261.htm
（2020年7月現在）

・厚生労働省「子どもを中心に保育の実践を考える～保育所保育指針
に基づく保育の質向上に向けた実践事例集～」2019（令和元）年6月
https://www.mhlw.go.jp/content/000521634.pdf　（2020年7月現
在）

9 │ 気になる子どもの理解と対応

《**目標とポイント**》 保育における"気になる子ども"とはどのような対象を
さすのか，保育者のまなざしとの関係について理解し，またインクルーシブ
教育とは何か，その考え方や成立の経緯について理解します。さらに，特別
な支援を要する子どもの特徴と支援のあり方について学びます。
《**キーワード**》 気になる子ども，インクルーシブ教育

1. "気になる子ども"と保育者のまなざし

　子どもはそれぞれ個性を持ち成長が異なり，発達過程にあります。家
庭など少人数で大人が子どもをよく知り受容的に受け止める縦の関係性
がありますが，多様な子どもと対等に主張しあい，新たな刺激を受ける
ような集団生活の横の関係性の中で，子どもの成長・発達が育まれてい
く姿があります。園や学校など，共に集団生活を送り，様々な子どもが
いるとわかっていても，他の子どもとどこかが違うなと感じる子どもに
保育者が出会うことがあります。周囲と比べその年齢や発達よりも理解
が遅く幼い行動をとっているように見えたり，感触や音などの刺激に非
常に敏感な姿をみたり，じっとしていられないなどその場の状況にそぐ
わない行動をしたり，情動のコントロールが難しかったりするなどです。
　「発達の途上にある幼児期は，元来一人ひとりが気になる存在」であ
るという姿勢が保育者に必要です（小田，2010）。子どもは一人ひとり

全く違う個性やニーズを持っていて，保育者が目の前にいる子ども（子どもたち）に向き合い，理解しようとし，すべての子どもにあった支援を追求しようとする姿勢が幼児教育の原点だと言えます（第8章参照）。すなわち，すべての子どもが“気になる子ども”であるとも言えます。保育者が“気になる”ことをふりかえり，保育の課題として次の実践につなげ具体的に考えていこうとする実践が日々保育でおこなわれています。

　こうしたことを念頭におきながら，保育者が“気になる子ども”として捉える子どもは増えていると言われています。まず，“気になる”とは，保育者の視点を反映していると言えるでしょう。それは必ずしも子ども側の問題だけでなく，園生活を送る中で子どもと保育者の関係性が育まれ深い理解に伴い援助がみえてくることで気にならなくなるプロセスがあったり，また保育者の専門的発達によって解決できたりする場合も生じます。

　次の事例は，園の3歳児クラス2名の担任保育者が，入園後頻繁に他児をたたいてしまう子どもを“気になる”として報告した事例です。2名の保育者にとって気になり方や理解の仕方が異なっています。

事例9－1：“気になる子ども”としてあがる3歳男児A児への理解と　　　ある日の関わり

保育者A
・A児，登園してきたM児に近づき押す。保育者はすぐにとめ座ってA児に「ううん，おはようって言ってごらん。おはようって」と伝える（A児は行こうとするがひきとめる）。すると，A児「おはよう」とM児に。保育者A，M児に「おはようって」と投げかけるとM児

「おはよう」

・A児は着替えているM児の傍に行くと頭をはたく。M児は逃げていくとA児は追いかけていく（保育者Aのほうを見ながら）。保育者Aは近づくとA児の両手を握り「だめだよ，Mちゃんいたかったね，どうしたの？　遊びたかったの？　一緒に遊びたい時はなんていえばいいのかな」と話しかけるがA児は行こうとする。保育者「ぶっちゃったらお友達は怒っちゃうんだよ，ね」

〈A児に対する保育者Aの語り〉

　Aちゃんは遊びたいという気持ちがあっても，言葉にして伝えるのが苦手で手が出てしまうと思う。なるべくAちゃんの気持ちを相手に伝えていきたい。

保育者B

・A児が座っているM児の椅子を引っ張ると，怒ってM児も引っ張り返す。保育者Bが来ると，A児は離し，行ってしまう。保育者Bは別の子どもの着替えを手伝う。その後，またM児の椅子を引っ張るA児。気付いた保育者Bが近づくとA児は離れていく。保育者Bは倒れた椅子を起こし，M児に「Aちゃんに椅子持ってかれちゃったのかな？　どうしたの？」そこに別の子どもが話しかけてきて，保育者Bはそちらに。M児は椅子に座る

〈A児に対する保育者Bの語り〉

　ちょっと何を考えているかわかりにくい時があり，お友達とトラブルになることがあるが，なるべく関わっていきたい。保育者が伝えるとわかってくれる時もあるので，丁寧にみていきたい。

　保育者AはA児の思いを推測して相手に伝えようとし，保育者Bは自分が関わることでトラブルを回避・解決することを目指しているようで，異なる捉えや関わりをしています。保育者の子ども理解は子どもに向けるまなざし，関わりと密接な関わりがあります。"気になる"という言葉は，子どもに寄り添いながら向き合い関わる日常的な在り様を表し，さらにありのままの子どもの姿と必要な経験を実態として捉え，子どもと直接関わる中で感じる細やかで感覚的な事柄を言葉にし，振り返ることの大切さを表しています。

　久保山ら（2009）は公私立の幼稚園・保育園の保育者585名を対象に保育者がどのような姿を"気になる"こととしてとらえているのかを調査しています。未満児，3歳児，4歳児，5歳児の年齢別に回答を比較してみたところ，他の子どもと同じことができないなど主として行動面でみられる発達の遅れ，言語発達の遅れ，指示された言葉や質問に対する理解が乏しく何回かの言葉掛けが必要，こだわりの強さ，発達のアンバランスさなどの「発達上の問題」は加齢とともに増加しているようです。次いで多い「コミュニケーション」は発音等音声言語に関する事柄，目があわないなどの視線，コミュニケーションが成立しない，などについて指摘されています。無気力さややる気のなさがみられたり，自分から何か働きかけようとする意欲・表現力に乏しいなどの「しようとしない」は未満児・3歳児に比べ4・5歳児で増加しています（図9－1，9－2）。子どもの発達，経験による育ちに従い，発達の違い，意欲的な態度などの違いがより顕著に捉えられるようになっていくことが示唆されます（「気になる子ども」への対応や「気になる保護者」については，図9－3，9－4を参照）。

　「気になる子ども」について述べてきました。子どもの気になる部分に着目する際，一方で，気にならない部分にも目をむけ，一人ひとりの

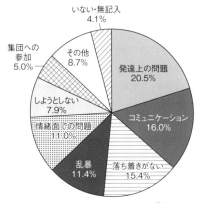

図9－1　保育者の捉える「気になる子ども」
（久保山ほか，2009）

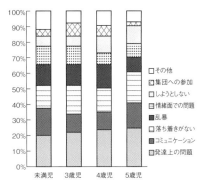

図9－2　年齢別にみた「気になる子ども」
（久保山ほか，2009）

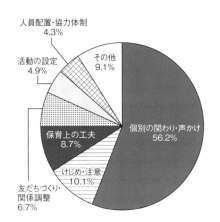

図9－3　「気になる子ども」に対して試みていること
（久保山ほか，2009）

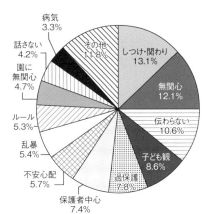

図9－4　保育者の捉える「気になる保護者」
（久保山ほか，2009）

個性と発達をふまえ，できることや好きなこと，やりたいことなど，子どもがいきいきとしている場面に着目し，積極的にとらえていこうとすることが非常に重要です。

2.「特殊教育」から「特別支援教育」へ

　次に，特別な支援を必要とする子どもについて，主に就学時の課題から考えていきたいと思います。2001（平成13）年，文部科学省による「特別支援教育の在り方に関する調査研究協力者会議」では，障害をもつ子どもへの教育制度について検討がおこなわれました。2002（平成14）年に文部科学省が全国の公立小中学校を対象に「通常の学級に在籍する特別な教育的支援を必要とする児童生徒に関する全国実態調査」をおこなったところ，当時の調査結果によれば，知的発達に遅れはないものの学習面や行動面で著しい困難を持っていると担任教師が回答した児童生徒の割合は，6.3％であると報告されました（ただし，この報告は学級担任を含む複数の教員により判断された回答に基づくものであり，医師の診断によるものでありません）。人数にして約68万人，１クラス２〜３人の割合で出会うことになり，その割合の多さから当時医療や教育等の関係者に大きなインパクトを与えたようです（榊原，2011）。研究調査が進むことで，今までは目に見えない個人の努力や成長で克服できるとされ障害としてはとらえられてこなかったような特徴やその支援方法について，理解が進むようになったと言えます。

　2003（平成15）年には「今後の特別支援教育の在り方について（最終報告）」が示されました。それまでの障害の程度等に応じ特別の場で指導を行う「特殊教育」という考え方から，障害のある子ども一人一人の教育的ニーズに応じて適切な教育的支援を行う「特別支援教育」への転換が行われたのです。

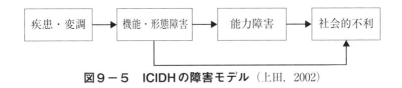

図９−５　ICIDHの障害モデル（上田，2002）

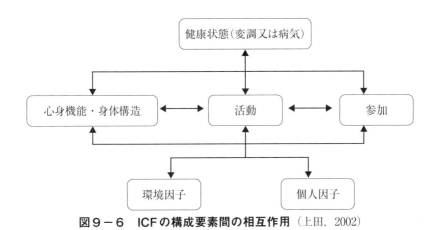

図９−６　ICFの構成要素間の相互作用（上田，2002）

　そもそも障害とは何を指すのでしょうか。WHO（世界保健機関）から1980年に出された国際障害分類（ICIDH, International Classification of Impairments, Disabilities and Handicaps）では，疾病等に基づく個人の様々な状態を分類していましたが（図９−５），疾病等に基づく状態のマイナス面のみを取りあげているとの指摘があがりました（伊丹，2017）。2001年にこの障害分類が整理され，国際生活機能分類（ICF, International Classification of Functioning, Disability and Health）を採択しました。ICFによると，人の生活は「健康状態」，「心身機能」，「身体構造」，「活動と参加」，「環境因子」，「個人因子」という要素が図９−６のように相互に作用しながら成り立つと捉えられ，個人の要因だけで

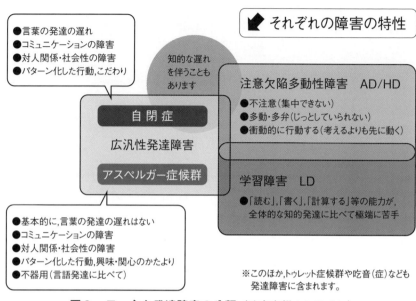

図9－7　主な発達障害の分類 （政府広報オンライン）

はない，社会参加を含めたより広い概念として発展しています。

　2005（平成17）年に施行された発達障害者支援法において「発達障害」
の定義が確立したことにより，障害者に関する法制度に発達障害の位置
付けが定着し，2016（平成28）年には改正発達障害者支援法が成立しま
した。自閉症，アスペルガー症候群その他の広汎性発達障害，学習障害，
注意欠陥多動性障害などの脳機能の障害で，通常低年齢で発現する障害
として定義されました（図9－7，章末注参照）。就学前からの乳幼児
健診等による早期発見・早期支援，就学児に対する適切な教育支援体制
の整備，就学後の就労と支援など，発達障害への理解と発達生活全般に
わたる支援の促進，関係機関との連携協力体制の整備を図ろうとしてい
ます。

　2014（平成26）年1月，日本は「障害者の権利に関する条約」を批准しました。第24条に示される「インクルーシブ教育システム」（inclusive education system：包容する教育制度）の考え方，すなわち，人間の多様性の尊重等の強化，障害者が精神的及び身体的な能力等を可能な最大限度まで発達させ，自由な社会に効果的に参加することを可能とするとの目的の下，障害のある者と障害のない者が共に学ぶ仕組みであり，障害のある者が「general education system」（教育制度一般）から排除されず同じ場で共に学ぶことを追求し，自己の生活する地域において初等中等教育の機会が与えられること，個人に必要な「合理的配慮」が提供される等が必要だとする理念を積極的に推進していくことが重要なのです（文部科学省，2012）。尚，「合理的配慮」とは，「障害者が他の者との平等を基礎として全ての人権及び基本的自由を享有し，又は行使することを確保するための必要かつ適当な変更及び調整であって，特定の場合において必要とされるものであり，かつ，均衡を失した又は過度の負担を課さないもの」を言います（障害者の権利に関する条約第2条定義）。

3.　幼児期における特別な支援を要する子ども

　就学前からの教育支援体制が重要だとされていますが，園の実態について取り上げてみましょう。ベネッセ教育総合研究所（2019）によると，障害のある園児・特別に支援を要する園児がいる園は国公立・公営の園で9割前後，私立・私営の園では7〜8割で，いずれも約10年で増加していることがわかります（図9−8）。

　幼稚園教育要領（平成29年告示）第5「特別な配慮を必要とする幼児への指導」において，障害のある幼児に対し「集団の中で生活することを通して全体的な発達を促していくことに配慮し，特別支援学校などの

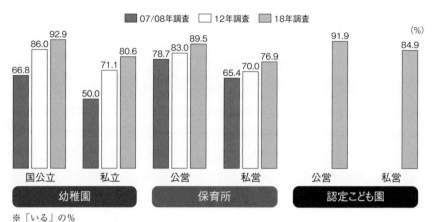

※「いる」の％
※経年比較は幼稚園・保育所のみ

図9−8　特別な支援を要する園児がいるか（経年比較）
（ベネッセ教育総合研究所，2019）

助言又は援助を活用しつつ，個々の幼児の障害の状態などに応じた指導
内容や指導方法の工夫を組織的かつ計画的に行うものとする。また，家
庭，地域及び医療や福祉，保健等の業務を行う関係機関との連携を図り，
長期的な視点で幼児への教育的支援を行うために，個別の教育支援計画
を作成し活用することに努めるとともに，個々の幼児の実態を的確に把
握し，個別の指導計画を作成し活用することに努めるものとする」とし
ています。園によってその実態は異なっていて，特別支援教育コーディ
ネーターを中心に特別支援教育の研究保育や公開保育をおこなっている
園もあれば，加配教員が配置され，支援対象の子どもの日々の記録を加
配教員が記録し，週のねらいや支援の方法は担任が記録し，文書でもや
りとりをするなど，その連携協働のあり方は園によって様々です（独立
行政法人国立特別支援教育総合研究所，2017）。また，障害のある子だ
けでなく，海外から帰国した幼児や生活に必要な日本語の習得に困難の

ある幼児についても言及し，「安心して自己を発揮できるよう配慮するなど個々の幼児の実態に応じ，指導内容や指導方法の工夫を組織的かつ計画的に行うものとする」としています。

　保育の援助として，今までの環境を再度振り返り，必要な援助に応じて具体的に環境を構成していくことが必要です。例えば，見通しが持ちにくく混乱する子ども，言葉で聞き取ることが難しい子どもには，視覚的に明確に一日の流れを掲示したり，写真等を使用することで安定します。特に一度に複数の情報や課題に対応することが苦手な子どもは，刺激が多い環境では疲れてしまいます。耳や目から入る情報のため，落ち着かず集中できないなど，環境刺激に配慮すべき子どもには，環境を構造化し，一日の流れの中で留意すべき時間帯や場の構成などを検討する必要があります（事例９－２，表９－１）。しかし，聴覚のほうがわかりやすい子どももいるので，まずは子どもの実態を把握し，それに応じた保育を計画することが大事です。

事例９－２：一日の流れがわかるように活動と写真を掲示

表9-1　環境刺激に敏感な子どもへの配慮

・環境刺激を軽減する：環境刺激が弱い壁際や壁の凹部分を利用したり，ロッカー
　や本棚等で環境刺激を軽減したりする
・保育室に落ち着いて遊べる場所を用意する：自由遊びの場面で，環境刺激を浴び
　ずに遊べる場所を用意する。ロッカーや玩具棚等で仕切った一人または少人
　数で遊べる環境構成をする
・席の設定：朝の会，給食，製作等，席に座って行う活動では，席の場所や向き，
　人数，メンバーを考慮した席の設定や壁等を利用した席の設定など，集団に
　参加しやすい席を設定する
・活動と活動の間の時間：場面の切り替え時や活動と活動の間，集団で一斉に何か
　を行う場面では不規則な環境刺激を浴びてしまう可能性が高いので，時間を
　ずらすなどする。その時には，なるべく時間をずらしていることが目立たな
　いようにする
・場所の活用：周囲の子どもと距離を空けたり，端や隙間を利用したりする
・集中できるような援助：何かに意識を集中することで環境刺激を感じにくくする
　ことができるため，子どもの状態にあわせて集中できそうなことを提示する
　（例．柔らかい物を触る，好きな物を握る，好きな絵本を読む等。またじっ
　としていることが難しい場合には，物を届ける等，お手伝いのような動きの
　あることを提案する）

（品川区，2019より筆者が抜粋，加筆）

　障害にかかわらず，一人ひとりがユニークな存在であること，すべて
の子どもを尊重し，人の多様なあり方を相互に認め合い，主体的に参加
できる集団・社会の実現を目指すことを前提とし，保育の場では具体的
な環境の構成と援助方法を整えることが求められます。

》》注

　表記の名称は，アメリカ精神医学会によるDSM-5（『精神障害の診断と統計マニュ
アル 第5版』）で，概念や診断名等の変更があります。

参考文献

・名須川知子・大方美香（監修），伊丹昌一（編著）（2017）『インクルーシブ保育論』
　ミネルヴァ書房
　　障害児保育やインクルーシブ保育・教育について，計画や評価，環境構成など
　の実践事例をふまえ，わかりやすく解説しています。
・柘植雅義・秋田喜代美・納富恵子・佐藤紘昭（編著）（2007）『中学・高校におけ
　るLD・ADHD・高機能自閉症等の指導　自立をめざす生徒の学習・メンタル・
　進路指導』東洋館出版社
　　自分の人生を振り返り，就学前や小中高時代，進路選択や就労に向けてどのよ
　うに思い，行動したか，支えになった周囲の援助，雰囲気について，本人の立場
　から述べている箇所があります。各時期に必要な援助について考える上で参考に
　なります。

引用文献

ベネッセ教育総合研究所（2019）「第3回　幼児教育・保育についての基本調査
　速報版」
　https://berd.benesse.jp/up_images/research/All_web.pdf　（2020年7月現在）
独立行政法人国立特別支援教育総合研究所（2017）「実践事例集　特別な支援を要
　する幼児の一貫した支援を実現するために―幼稚園・保育所等と小学校との連携
　や保護者との協働を中心に―」　平成25〜28年度　科学研究費基盤研究（C）　課
　題番号25381339　一貫した支援を実現するための幼稚園と小学校との連携内容・
　方法に関する実証的研究（研究代表者久保山茂樹）
伊丹昌一（2017）「障害児保育を支える理念」名須川知子・大方美香（監修），伊丹
　昌一（編著）『インクルーシブ保育論』ミネルヴァ書房
厚生労働省（2008）「発達障害の理解のために」
　https://www.mhlw.go.jp/seisaku/dl/17b.pdf　（2020年7月現在）
久保山茂樹・齊藤由美子・西牧謙吾・當島茂登・藤井茂樹・滝川国芳（2009）「『気
　になる子ども』『気になる保護者』についての保育者の意識と対応に関する調査

―幼稚園・保育所への機関支援で踏まえるべき視点の提言―」『国立特別支援教育総合研究所研究紀要』第36巻，55-76

文部科学省HP「特別支援教育について」
https://www.mext.go.jp/a_menu/shotou/tokubetu/main.htm（2020年7月現在）

文部科学省HP　平成24年　中央教育審議会初等中等教育分科会（第80回）配付資料「特別支援教育の在り方に関する特別委員会報告1　共生社会の形成に向けたインクルーシブ教育システム構築のための特別支援教育の推進」
https://www.mext.go.jp/b_menu/shingi/chukyo/chukyo3/siryo/attach/1325881.htm　（2020年7月現在）

小田豊（2010）「幼児教育の視点から支援を考える：一人ひとりの心に寄り添う姿勢が特別なニーズをもつ子への支援につながる」『これからの幼児教育を考える』2010年度，秋号，2-4，ベネッセ次世代育成研究所
https://berd.benesse.jp/up_images/magazine/booklet_10_1.pdf（2020年7月現在）

榊原洋一（2011）『図解　よくわかる発達障害の子どもたち』ナツメ社

政府広報オンライン「理解する～発達障害って，なんだろう？～」
https://www.gov-online.go.jp/featured/201104/contents/rikai.html（2020年7月現在）

品川区子ども未来部保育課（編集）（2019）『改定第4版　のびのび育つしながわっこ』
https://www.city.shinagawa.tokyo.jp/PC/kodomo/kodomohoyou/20181221164041.html　（2020年7月現在）

上田敏（2002）「国際障害分類初版（ICIDH）から国際生活機能分類（ICF）へ―改定の経過・趣旨・内容・特徴―」『月刊ノーマライゼーション』2002年6月号，公益財団法人日本障害者リハビリテーション協会

学習課題

　次の資料を読んでおきましょう。

1．外務省HP（2019年12月 9 日）「障害者の権利に関する条約」
　　https://www.mofa.go.jp/mofaj/gaiko/jinken/index_shogaisha.html
　　（2020年 7 月現在）
2．外務省（2018）「障害者権利条約パンフレット」
　　https://www.mofa.go.jp/mofaj/files/000069541.pdf（2020年 7 月現在）

10 | 幼児期から児童期へ
―小学校との接続―

《**目標とポイント**》 幼児期から児童期の教育の移行，保育者と教師の専門性の相違について学び，幼児教育の特徴を理解します。また，小学校との接続とそのためのカリキュラムについて学びます。
《**キーワード**》 移行期，接続期，アプローチカリキュラム，スタートカリキュラム

1. 幼児期から児童期の教育と移行経験

　「小学1年生」として初めて小学校に通った時のことを覚えているでしょうか。小学校は園と違い，一人ひとつの机と椅子があり，黒板に向かって座り，教師は前に立ち，授業時間が決まっていて教科があり，時間割があり，テキストを使って学ぶ，といった授業スタイルがあり，そして校庭や学校全体の広さの違いなど，様々なイメージがうかぶのではないでしょうか。多くの子どもは就学前に幼稚園，保育所等の施設に通い集団生活を経験し，我が国では学校教育法第17条にみるように，6歳から就学し，義務教育の開始となります。

　世界的にみると，幼児教育の位置づけについて，我が国とは異なる考え方があります。就学年齢だけをみると，例えばイギリス - ウェールズでは5歳，デンマーク，フィンランド，スウェーデン，ポーランドでは7歳が小学校教育の開始時期となっています（OECD, 2017）。各国の

教育制度によって，公的教育，義務教育の開始時期は異なっています。

　学校教育の始まりは，子どもの生活，成長発達や学びにとって大きな節目となる時期だといえるでしょう。また，子どもを育てる保護者，そして保育者・教師，園・学校にとっても，大きな意味を持ちます。生涯発達の中で社会の大多数の人々が共通に経験する出来事，変化，うつりゆきを「移行（transition）」といいます（山本，1992）。教育の移行は，子どもがある場所，もしくはある段階から他の段階へと移る「変化のプロセス」だといわれています（Fabian & Dunlop, 2007）。子どもは園環境と異なる新しい環境に入り，関係性，教え方や学び方，環境，場所，時間，学習の文脈や学習内容，求められる役割，ルール，責任，友達・仲間関係や教師との関係などを経験し獲得していくことが求められます。新しい人（仲間・友達・先生）に出会い，新しい物事を学ぶことに期待を持つ子どももいれば，混乱し不安を持ったり，スムーズに適応することが難しい場合も起こります。表10－1は幼児教育と小学校教育の相違点についてまとめられています（滝口，2019）。

　学校教育ができる，できないなど到達度をみる「到達目標」を中心とするのと対比的に，幼児教育は子どもの心情，意欲や態度から伸びていこうとするプロセス，方向を重視する「方向目標」を中心とします。幼児教育の段階で特定の成果を求めるのではなく，「学びの芽生え」として総合的に捉えていこうとしています。また，環境を通した教育であり，一人一人の遊びを通した学びを尊重しています（第3，4，8章参照）。幼児教育は見えない教育方法と呼ばれています。学校種段階が初等，中等，高等教育へと上がるにつれ内容がより分化し，目的や評価が第三者の眼により明確になりますが，乳幼児から就学までの長期的な保育の営みは，子どもの発達の個人差に応じて遊びによる総合的な活動を中核にしているため，教育の目的や過程，評価が実践者以外に可視化されにく

表10－1　幼児教育と小学校教育の相違

	幼児教育	小学校教育
目標	方向目標中心…「味わう」「関心をもつ」のように育ちの方向性を示す	到達目標中心…「できるようにする」のように共通の到達点を目指す
方法	間接教育中心…環境を通した教育	直接教育中心…教材教具を通した教育
カリキュラム	・経験カリキュラム…子どもの内在的な要求に基づき経験を組織する ・遊びや生活を通して総合的に学ぶ	・教科カリキュラム…学問の体系に基づいて構成される ・各教科の学習内容を系統的に学ぶ
評価	個人内評価を重視	到達度評価を重視
固と集団	1人ひとりがつくる集団	集団の一員としての子ども

（滝口，2019より抜粋し，筆者が編集して引用）

い特徴を持つといいます（秋田・箕輪・高櫻，2007）。

　子どもの親もまた，期待と不安を抱える場合があります。ある一地域で小学校に入学した子どもを持つ保護者に入学後予想外に戸惑ったことについて，自由に記述してもらいました（野口・長田・関口，2005；表10－2；図10－1）。すると，特に戸惑った事もなく予想通りで問題はないとする保護者が多い一方で，様々な戸惑いを挙げている保護者がいるようです。教師との関係（例．「幼稚園は何でも困った事があると先生が優しく手助けしてくれましたが，学校は『自分の事は自分でする』教育で，『違うなあ』と感じる面は多々あります」など），子どもの友達関係について（例．「今までのお友達と違う小学校になったので，新しい友達になかなかなじめなかった」，「お友達と関係が変わってきた」な

表10-2　小学校入学後の予想外の出来事・戸惑い

カテゴリー	例
1．授業スタイル	授業中は席を立てない／じっと話を聞く／自分の意見を言う／集中する／授業と休み時間の区切り
2．学習面	勉強についていけるかどうか／宿題を終わらせる
3．教師	教師の関わりかた（怒り方・誉め方）／厳しい・優しい／個々の子どもに対する幼稚園との対応の違い／子どもへの理解／親とのコミュニケーション
4．子どもの主体性・自立	主体的にできる／積極的に挑戦する／自分で考えて物事ができる
5．子どもの友だち関係	友だちができる／仲良しの子との関係の変化／トラブル
6．給食	給食の配膳／時間内に給食を食べられるか
7．トイレ	洋式がない／トイレに行く時間
8．通学	幼稚園の時より遠い／重い荷物を持って歩く／雨の日の登校／集団登校・班登校
9．学童	学童や児童クラブになじめるか／見てくれる学年の制限
10．親の不安	小学校へ入学させることへの緊張感／新しい世界，環境全てに不安
11．その他	上記のカテゴリーにあてはまらないもの
12．問題なし	問題ない・特になしなどの回答

（野口・長田・関口，2005）

ど），そして授業スタイルについて（例．「次々に子どもたちが先生に話しかける中，自分も伝えたい事（聞きたい事）を話したのに，先生にうまく伝わらず，質問と違う答えが返ってきてどう対処してよいのか戸惑

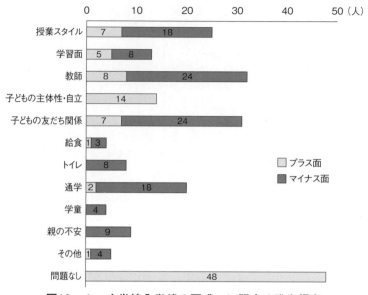

図10－1　小学校入学後の戸惑いに関する発生頻度
（野口・長田・関口，2005）

い悲しくなったようです」など），親子で会話しながら，子どもの成長を喜びつつ子どもの戸惑いとともに親自身にも不安や戸惑いがあったことが報告されていました。また，子どもの自立性について，同じ保護者に卒園前と小学校入学後に聞いてみたところ，小学校入学後に自立的であるとする意識は下がっていました。子どもが園生活を通して幼児期なりの自立性が十分に成長したと捉えられていた一方で，小学校に入ると異なる自立性・生活面への適応が求められていることがわかります。

2. 幼児期から児童期の教育における円滑な移行と接続期

（1） 3つの柱と10の姿

　平成29年に告示された幼稚園教育要領，保育所保育指針，幼保連携型認定こども園教育・保育要領では，幼児教育を行う施設として共有すべき事項として3法令に共通の育みたい資質・能力及び「幼児期の終わりまでに育ってほしい姿」（いわゆる"10の姿"）が新たに明記されました（第1章参照）。無藤（2018）は，入口として家庭と園での乳児保育からの育ちと，3歳以上の幼児教育とのつながりから，出口として幼児期の終わりまでに育ってほしい姿が出現し，小学校以降の資質・能力の3つの柱へとつながるという構図をわかりやすく図にしています（図10−2）。子どもに育ってきた力（育ててきた力）が校種によってかなり違うことが指摘され，しかも同じ校種であっても，園・学校によっても育ちが違ってくる可能性があります。乳幼児期の教育の方向性と，小学校へのつながりを意識することの必要性がうかがえます。園・学校間の接続は，「バトンの受け渡し」（無藤，2018）であり，園生活等を通して学んだことが，次の学びにいきてくるのであって，子どもは小学校がゼロからのスタートではないことを意識して取り組むことが重要なのです。

　ここで，幼稚園教育要領，保育所保育指針，幼保連携型認定こども園教育・保育要領に述べられている小学校教育との接続に関する記載を確認しておきましょう。幼稚園教育要領では第1章第3「教育課程の役割と編成等」，5「小学校教育との接続に当たっての留意事項」として，保育所保育指針では第2章4「保育の実施に関して留意すべき事項」，(2)「小学校との連携」として，幼保連携型認定こども園教育・保育要領では第1章第2「教育及び保育の内容並びに子育ての支援等に関する全体

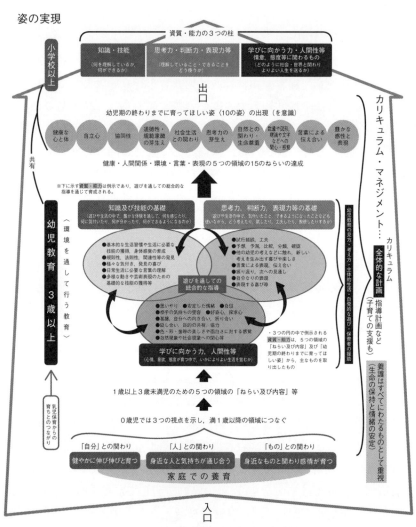

図10−2　小学校教育との接続（無藤，2018）

的な計画等」，1の（5）「小学校教育との接続に当たっての留意事項」にあります（尚，施設種によって文言が異なりますので，幼稚園教育要領を中心に抜粋し，主な用語など違っている箇所のみ［　　　］内に記載しています）。

> (1)　幼稚園［保育所／幼保連携型認定こども園］においては，幼稚園教育が［保育所保育が／その教育及び保育が］，小学校以降の生活や学習の基盤の育成につながることに配慮し，幼児期［乳幼児期］にふさわしい生活を通して，創造的な思考や主体的な生活態度などの基礎を培うようにするものとする。
>
> (2)　幼稚園教育［保育所保育／幼保連携型認定こども園の教育及び保育］において育まれた資質・能力を踏まえ，小学校教育が円滑に行われるよう，小学校の教師との意見交換や合同の研究の機会などを設け，「幼児期の終わりまでに育ってほしい姿」を共有するなど連携を図り，幼稚園教育［保育所保育／幼保連携型認定こども園における教育及び保育］と小学校教育との円滑な接続を図るよう努めるものとする。
>
> ［保育所保育指針：ウ　子どもに関する情報共有に関して，保育所に入所している子どもの就学に際し，市町村の支援の下に，子どもの育ちを支えるための資料が保育所から小学校へ送付されるようにすること。］

　尚，幼稚園においては「学校教育法施行規則」第24条第2項において，幼保連携型認定こども園については「就学前の子どもに関する教育，保育等の総合的な提供の推進に関する法律施行規則」第30条第2項において，法令上校長（園長）は幼児の指導要録の抄本又は写しを作成し，これを小学校等の校長に送付しなければならないこととなっています。園において記載した指導要録を適切に送付するほか，それ以外のものも含め小学校等との情報の共有化を工夫する必要があるとされています。

　小学校学習指導要領も改訂され，平成29年告示されました。第1章総則には，低学年における教育全体において，幼児期の教育及び中学年以

降の教育との円滑な接続を図る役割が生活科に期待されるとともに,「特に，小学校入学当初においては，幼児期において自発的な活動としての遊びを通して育まれてきたことが，各教科等における学習に円滑に接続されるよう，生活科を中心に，合科的・関連的な指導や弾力的な時間割の設定など，指導の工夫や指導計画の作成を行うこと」が規定されたことを受け，低学年の各教科等（国語科，算数科，音楽科，図画工作科，体育科，特別活動）の学習指導要領にも同旨が明記されています（文部科学省，2017）。

　卒園を前に，子どもは自分の自立と共に，今までとは異なる小学校での生活を楽しみにし，期待とあこがれをもっています。移行期には様々な変化に伴う戸惑い，不安が多かれ少なかれ生じることが予想されるのですが，子どもが越えられない段差，壁となってそびえたつのではなく，なだらかで円滑な接続となるよう，学校施設種と互いの専門性の違いを理解し尊重しながら協働・連携することが求められています。

（2）アプローチカリキュラムとスタートカリキュラム

　鍵となるのが，接続期のカリキュラムです。今までよく言われてきたのが，園では年長児としてのふるまいをみにつけ年少児に接し，今までの経験から自信や自己肯定感，そして小学校への期待感を持って卒園していく5歳児が，小学校に入ると一番小さい学年で"まだ何もできない"存在として扱われ，お世話をしてもらう1年生として見られることのギャップ，そして小学校というある種特殊な生活様式を持つ場でゼロから学び，子どもができるだけ早く理解し学習のためにふさわしいふるまいをみにつけるよう求める子どもに対する見方，教育観があるという点です。子ども側のみ準備し異なる教育機関に適応しなければならないのではなく，子どもを中心として保育者・教師が共に創意工夫する園・学

校側の準備が求められているでしょう。国・学校では接続のカリキュラ
ムが検討されます。

　まず，アプローチカリキュラムとは，就学前の幼児が円滑に小学校の
生活や学習へ適応できるようにするとともに，幼児期の学びが小学校の
生活や学習で生かされてつながるように工夫された５歳児のカリキュラ
ムを指します。開始時期は９，10月頃や１月頃など後半からの開始が多
いようですが，５歳児４月から長期的に位置づけ作成している園もあり
ます。

　スタートカリキュラムとは，幼児期の育ちや学びを踏まえて，小学校
の授業を中心とした学習へうまくつなげるため，小学校入学後に実施さ
れる合科的・関連的カリキュラムをいいます。大体４，５月，７，８月な

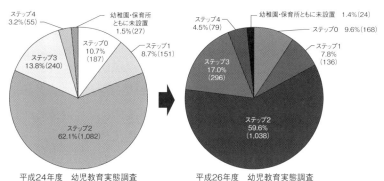

平成24年度　幼児教育実態調査　　　　平成26年度　幼児教育実態調査

ステップ０：連携の予定・計画がまだない。
ステップ１：連携・接続に着手したいが，まだ検討中である。
ステップ２：年数回の授業，行事，研究会などの交流があるが，接続を見通した教育課程の編成・
　　　　　　実施は行われていない。
ステップ３：授業，行事，研究会などの交流が充実し，接続を見通した教育課程の編成・実施が行
　　　　　　われている。
ステップ４：接続を見通して編成・実施された教育課程について，実践結果を踏まえ，更によりよ
　　　　　　いものとなるよう検討が行われている。

図10−３　市町村ごとの幼小接続の状況（国立教育政策研究所，2015）

どで終了するものが多いようですが，1年生の終わりまでを想定するものもあります。

国立教育政策研究所 幼児教育研究センターによる幼小接続期カリキュラム全国自治体調査から，自治体ごとの接続の状況の段階を見てみると，年数回の授業，行事，研究会などの交流はあるものの接続を見通した教育課程の編成実施はおこなわれていないとする自治体が多くあることがわかります（図10－3）。段々と接続カリキュラムを作成する自治体は増加しているものの，"交流"のみにとどまっている場合もあるのではないでしょうか。訪問する―受け入れる関係だけでなく，共に楽しみ，分かち合い，つなげる接続が理想となるかもしれません。

3.　保育・幼児教育と学校教育の専門性の相違点を探る

最後に，保育者と小学校教師の専門性の違いについて考えてみましょう。施設・学校種の目的，方法が異なり，対象とする子どもの年齢や発達の課題も異なります。交流を通して互いの関係が形成され共通部分を感じる一方，同じような用語を使っていても，実態として指し示すものは大きく異なり，保育や授業の進め方，子どもの捉えや評価の仕方，教育観を越えがたいと感じることがあります。例えば，連携カリキュラムを開発するプロジェクトの中で，幼稚園の保育者が自分の「思い」を語るのに対し，小学校の教師は「ねらい」として語るという違いがみられたことが意識化されたことから，両者共通に接続期の子どもに育てたい「思い」の次元で話し合ってみたそうです。また，「カリキュラム」という言葉の意味をとってもそれぞれ異なっていたため，共通認識の捉え直しがあったことが報告されています（お茶の水女子大学子ども発達教育研究センター，2005）。例えば，「子ども理解」という言葉に対しても，イメージが異なっています（図10－4）。保育者は子どもの内面や姿，

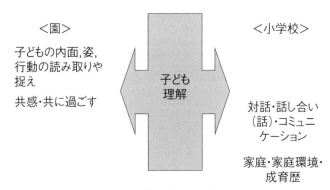

図10－4　保育者と教師の「子ども理解」に対する捉え方の違い
（野口ら，2007）

保育者側の行動の読み取りや捉え，保育者による共感を重視しています
が，小学校教師にとっては集団における対話・話し合いからもたらされ
るコミュニケーションが中心となります。また，園とは異なる家庭との
関係性があるため，小学校までの家庭環境や成育歴を知ることの必要性
を感じるのでしょう（野口ら，2007）。

　あらためて，接続とは何か，交流とは何か，10の姿とは具体的にどの
ような姿なのか……，子どもについて語ることで何を大事に保育・教育
をしていくのか，共有できるのではないでしょうか。

　幼稚園や小学校など，異なる教育文化間の移行を経験する子どもに
とって，親・家庭，地域の影響は非常に大きいものです。また，保育者・
教師にとっても，自明のこととしておこなってきた保育・教育実践があ
らためて問われます。それぞれの思いや考え，専門性を理解し尊重しな
がら，子どもの立場から子どもにとってより良い学びについて考えてい
くきっかけとなり，教育実践の探究がおこなわれているのです。

参考文献

・無藤隆（編）（2018）『育てたい子どもの姿とこれからの保育』ぎょうせい

平成29年告示，平成30年度施行の新要領・指針を保育の場でどのように活かすのか，改訂（改定）のポイントについて丁寧にまとめられています。

・無藤隆（編著）（2018）『10の姿プラス5・実践解説書』ひかりのくに

「幼児期の終わりまでに育ってほしい姿（10の姿）」を中心に，写真や実践事例でわかりやすく解説しています。小学校1年生が "10の姿とはこういうことではないだろうか"，と自分の言葉で語る事例も紹介されていて，興味深い1冊です。

・文部科学省・国立教育政策研究所 教育課程研究センター（2015）「スタートカリキュラム　スタートブック」

https://www.nier.go.jp/kaihatsu/pdf/startcurriculum_mini.pdf　（2020年7月現在）

なぜスタートカリキュラムが必要なのか，基本的な考え方やスタートカリキュラムのデザイン，実践と改善についてわかりやすくまとめられた冊子なので一読するとより理解が深まるでしょう。

引用文献

秋田喜代美・箕輪潤子・高櫻綾子（2007）「保育の質研究の展望と課題」『東京大学大学院教育学研究科紀要』第47巻，289-305

Fabian, H. & Dunlop, A.W.（2007）Outcomes of good practice in transition processes for children entering primary school. Background paper prepared for the Education for all global monitoring report 2007: strong foundations: early childhood care and education, UNESCO.

国立教育政策研究所 幼児教育研究センター（2015）「幼小接続期カリキュラム全国自治体調査」

https://www.nier.go.jp/youji_kyouiku_kenkyuu_center/youshou_curr.html

（2020年7月現在）

無藤隆（編著）（2018）『10の姿プラス5・実践解説書』ひかりのくに

文部科学省（2017）「小学校学習指導要領（平成29年告示）」

野口隆子・鈴木正敏・門田理世・芦田宏・秋田喜代美・小田豊（2007）「教師の語りに用いられる語のイメージに関する研究―幼稚園・小学校比較による分析―」『教育心理学研究』第55巻，第4号，457-468，一般社団法人日本教育心理学会

野口隆子・長田瑞恵・関口はつ江（2005）「幼稚園卒園児の小学校適応⑵―子どもの幼稚園から小学校への移行に対する親の視点―」『十文字学園女子大学人間生活学部紀要』第3巻，23-31

お茶の水女子大学子ども発達教育研究センター（企画・編集）（2005）『幼児教育と小学校教育をつなぐ：幼小連携の現状と課題』

OECD（2017）Starting Strong V: Transitions from early childhood education and care to primary education.

滝口圭子（2019）「就学前後の子どもたち」　心理科学研究会（編）『新・育ちあう乳幼児心理学：保育実践とともに未来へ』有斐閣

山本多喜司（1992）「人生移行とは何か」　山本多喜司・ワップナー, S.（編著）『人生移行の発達心理学』2-15，北大路書房

学習課題

1．「幼児期の終わりまでに育ってほしい姿（10の姿）」とは何か，幼稚園教育要領等で該当箇所を読んでおきましょう。その上で，思い浮かぶ具体例を挙げてみましょう（事例などが思い浮かびにくい場合は，参考文献を読み学びましょう）。さらに，文章を自分におきかえて，育っているか，どのようにすれば育つのか，考えてみましょう。

11│保育・教育の歴史

《**目標とポイント**》　日本における保育・教育の歴史，園制度の成立について解説します。我が国の保育内容がどのように変化してきたのか，幼稚園教育要領を中心に学びます。

《**キーワード**》　日本の幼児教育・保育制度，保育内容の変遷

---

1. 我が国の幼児教育・保育制度の歴史

　我が国では，現在就学前に幼稚園・保育所・認定こども園に通う子どもがほとんどで，5歳児においては98.3%の子どもが就園しています（第1章参照）。一方で，歴史的にみると就園率や園数は増減しています（図11-1）。高山（2003）によると，幼稚園は，戦前の5歳児就園率は10%（1941（昭和16）年）を超えることはなく，敗戦の混乱がおさまる1950（昭和25）年頃から高度経済成長期において5歳児・4歳児の就園率が拡大し，1975（昭和50）年頃の5歳児就園率は63%前後で推移しましたが，4歳児就園率は1975年以後もしばらくゆるやかに上昇を続けました。幼稚園の3歳児就園率は5歳児・4歳児就園率に遅れて拡大を始めたといいます。1966（昭和41）年頃には4歳児からの入園（「2年保育」）が多くなり，1997（平成9）年には3歳児入園（「3年保育」）が多くなり，一般的になったと指摘しています。一方，保育所は，1955（昭和30）年から1980（昭和55）年にかけて増加し，5歳児と4歳児の在籍率

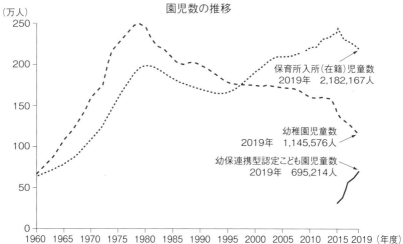

資料）保育所／1960～2008年度まで「社会福祉施設等調査報告」1960～1971年は12月31日，1972年以降各年10月1日現在，2009年度以降「福祉行政報告例」各年3月1日現在，幼稚園・幼保連携型認定こども園／「学校基本調査」各年5月1日現在。

図11－1　保育所・幼稚園・幼保連携型認定こども園数及び園児数の推移
（全国保育団体連絡会・保育研究所，2019年より筆者加筆）

はほぼ同じように上昇し，1995（平成７）年から幼稚園とは逆に増加傾向を示しています。保育所も２歳以下の乳幼児の保育所在籍者に占める割合が徐々に増加してきました（これらの就園率（在籍率）は，都道府県による違いもあります）。

　幼稚園，保育所，認定こども園はいつどのようにできたのでしょうか。幼保連携型認定こども園は，記憶に新しく，2012（平成24）年８月に子ども・子育て関連３法が成立し，2015（平成27）年４月から「子ども・子育て支援新制度」が施行され，以降増加しつつあります。そして，保育内容に関しては，2017（平成29）年告示により，幼稚園教育要領，保育所保育指針，幼保連携型認定こども園教育・保育要領の３法令が同時に改訂（定）となり，３歳児以上の保育内容についてさらなる共通化が図られ現在に至っています。さらにさかのぼって，歴史的な経緯を簡単に紹介したいと思います。

　1872（明治５）年，文部省（現文部科学省）は我が国初の近代的学校制度を定めた基本法令である「学制」を公布しました。全国を８つの大学区に分け，その下に中学区，小学区を置き，各学区にそれぞれ大学校・中学校・小学校を１校ずつ設置し，全国の学齢児が等しく義務教育を受ける権利を得たのですが，学制を一挙に実施することは実際上困難であったといいます。貧しい農民や町民の子ども（特に女児）の多くは労働のために小学校に通えず，奉公に出て実家を支えました。奉公先では主に子守りをして学校に通うことが難しい状態であったため，子守学校が設立されました。江戸時代の教育施設は，大原左金吾の「養育の館」構想，佐藤信淵の「慈育館」構想などが文献に残っていたようですが，実現されていません（増田，2018）。

　日本の幼児教育施設及びその制度としては，1876（明治９）年，東京女子師範学校附属幼稚園（現お茶の水女子大学附属幼稚園）が初めての

幼稚園設立とされています。主席保姆（当時は「保姆」という名称がつかわれました）にはフレーベルの養成施設で学んだ経験のあるドイツ人松野クララ，日本人保姆は豊田芙雄と近藤濱で，保育内容はフレーベルの20恩物（第12章参照）が中心で小学校のように時間割に沿った内容がおこなわれていたそうです。その内容を監事（園長）の関信三が「幼稚園法二十遊嬉」としてまとめました。

　当初は子どものための教育として何をおこなってよいのか知られておらず，西欧の特にフレーベルの精神に基づいた「キンダーガルテン」が紹介され，その恩物を使っての教育が開始されたのです。当時，幼稚園は一般の庶民のためのものではなく，一部の上級階層の子どもが通っており，上品な身なりで歌も西洋の翻訳であり，子どもにとって馴染みがなく，またフレーベルの思想を十分に実現するものではなかったようです。

　当時の保育の様子は女子師範学校で創立当初から図画を担当して

図11－2　武村耕靄「幼稚保育図」
（お茶の水女子大学所蔵）

いた女流画家の武村耕靄^{たけむらこうあい}の「幼稚保育図」（図11－2）から垣間見れるかもしれません。上から壁面の掛け図（「兎と亀」）を使いながらの読み聞かせ，フレーベル考案の恩物を碁盤のように縦横に線が引かれた「恩物机」の上でおこなっている授業，オルガンに合わせておこなわれる唱歌，園庭での遊戯の様子が描かれています（秋山，2006）。

　その後，全国各地の幼稚園は東京女子師範学校附属幼稚園をモデルにして普及していきます。恩物中心の保育に疑問をいだき，日本の子どもたちにあうように保育を見直していき，各地に幼稚園が設立されていく中でその地区に適した保育内容を模索しながらカリキュラムを確立し，その内容に応じて保育方法を工夫していったようです。1897（明治30）年頃には幼稚園数は200を超すなど増加していき，文部省は1899（明治32）年に幼稚園の保育の目的，編成，組織，保育内容，施設設備などについて国として初めての「幼稚園保育及設備規定」を定めました。そこでは，保育は「遊戯，唱歌，談話，手技」の4項目を中心としています。恩物は「手技」の中に含まれるようになりました。

　また一方で，託児施設として1890（明治23）年赤沢鍾美^{あかざわあつとみ}と仲子の夫婦が新潟に施設を作りました。鍾美が私塾を開き青年に漢学等を教えていましたが，学びに来る者の弟や妹の世話をする者がおらずついてくるようになったので，授業の間子どもたちの世話を始めたのが託児施設のきっかけといいます（相樂，2015；小川，2016）。明治30年代，工業社会の発展，日清戦争や日露戦争などの影響により，各地に託児施設が誕生していきます。

2. 倉橋惣三の保育論

　大正時代，幼児に即した保育への改革運動は益々さかんとなりました。その中でも特に倉橋惣三は保育理論と実践に多大な影響を与え，日本に

おける近代的幼児教育の父と称されています。倉橋惣三は東京帝国大学で心理学を，大学院で特に児童心理学を学び，子どもと触れ合う経験の中から子ども観，保育観を形成し，それに基づく幼児中心主義の保育理論を展開していきました。1917（大正 6 ）年に東京女子高等師範学校附属幼稚園の主事となり，第二次世界大戦後に至るまで，保育の改革に努めました。棚に大事にしまわれていた恩物をかごにばらばらにうつし，子どもがいつでも自由に遊べるようにしたという逸話が知られています。

　1934（昭和 9 ）年『幼稚園保育法真諦』としてまとめられた著書の中で，教育に関する思想を「生活を生活で生活へ」という象徴的な言葉で表し，教育の目的を「子どもが真にさながらで生きて動いている生活」に置くということを唱えています。当時，自然科学的アプローチが強調された時代において，人間学的アプローチを重視していたといえます（森上，2008）。この幼児の生活を基本とする保育理論は「誘導保育論」として知られています。

　佐伯（2001）は，保育とは「（子どもの）文化的実践を，（子どもと共に生きる）文化的実践で，（子どもが成長し，文化の担い手となる）文化的実践へ」と導くことと言い換えています。保育の歴史が脈々と受け継がれていき，同時に子ども「さながらの生活」は変容していくと思われますが，保育・教育をおこなう大人の生活の変容とともにあること，その文化的実践の在り様が問われているのではないでしょうか。

3. 保育内容：幼稚園教育要領の変遷を中心に

　1899（明治32）年公布の「幼稚園保育及設備規定（省令）」，1926（大正15）年発布の「幼稚園令（勅令）」を経て，戦後1948（昭和23）年『保育要領―幼児教育の手びき―』が文部省によって編集刊行されました（表

表11-1 3法令改訂（定）の経緯

年	幼稚園教育要領	保育所保育指針	幼保連携型認定こども園教育・保育要領
昭和23（1948）年	保育要領（文部省編集）		
昭和25（1950）年		保育所運営要領（厚生省編集）	
昭和27（1952）年		保育指針（厚生省編集）	
昭和31（1956）年	幼稚園教育要領（文部省編集）		
昭和38（1963）年	両省局長通知（「幼稚園と保育所との関係について」）		
昭和39（1964）年	幼稚園教育要領（文部省告示）		
昭和40（1965）年		保育所保育指針（厚生省編集）	
平成元（1989）年	幼稚園教育要領（文部省告示）		
平成2（1990）年		保育所保育指針（厚生省編集）	
平成10（1998）年	幼稚園教育要領（文部省告示）		
平成11（1999）年		保育所保育指針（厚生省編集）	
平成20（2008）年	幼稚園教育要領（文部科学省告示）	保育所保育指針（厚生労働省告示）	
平成26（2014）年			幼保連携型認定こども園教育・保育要領（内閣府・文科省・厚労省共同告示）
平成29（2017）年	幼稚園教育要領（文部科学省告示）	保育所保育指針（厚生労働省告示）	幼保連携型認定こども園教育・保育要領（内閣府・文科省・厚労省共同告示）

（民秋, 2014に筆者が加筆）

11-1）。『保育要領』は，第二次世界大戦後，民間情報教育局ヘレン・ヘファナンが提示した概要（Suggestions for Care and Education in Early Childhood）に基づき，当時の文部省によって刊行されました（加

藤，2016）。幼稚園教育の他に保育所・託児所等の施設や一般の家庭を対象に幼児の特質をふまえ幼児に最もふさわしい環境をととのえ，成長発達を助ける実際の工夫が習熟できわかりやすい手引書となるよう意図されています。その保育内容は「楽しい経験」として12項目が示されました。その後，1956（昭和31）年に『保育要領』を改訂した『幼稚園教育要領』が刊行され，以降，2017（平成29）年告示で第5次改訂に至ります。その変遷の中で，1956年の『幼稚園教育要領』の保育内容は「望ましい経験」を6領域（健康，社会，自然，言語，音楽リズム，絵画製作）に分類して表示し，小学校教育との一貫性をもたせるようにしました。ここでいう領域は「小学校以上の学校における教科とは，その性格を大いに異にする」とされています。一方で，保育者にとって領域別に教えるというような教科をイメージさせるものになってしまったため，1964（昭和39）年の改訂では，領域は教科をさすものではなく，各領域ごとに示されているねらいをよく把握しながら教育の方向を見通しつつ，具体的・総合的な「経験や活動」を通して達成されるものであると示されました。しかし，小田（1999）は当時文部省は1冊の総合的な指導書と領域ごとの指導書も出しており，昭和31年と昭和39年の教育要領の間にあった矛盾点が払拭されないまま引き継がれてしまったのではないかと指摘しています。

　1989（平成元）年の改訂では，幼稚園教育の基本は環境を通しておこなうものであることを明示し，「ねらい」は幼稚園修了までに育つことが期待される心情・意欲・態度などであり，「内容」は「ねらい」を達成するために指導する事項であるとしています。「ねらい」と「内容」を幼児の発達の側面からまとめ，5領域（健康，人間関係，環境，言葉，表現）に再編成・整理し現在に続いています。1998（平成10）年の改訂では，幼稚園教育の基本において教師が計画的に環境を構成すべきこと

や活動の場面に応じて様々な役割を果たすべきこととする教師の役割を明確化し，「生きる力の基礎を育てる」ことが記述されました。2008（平成20）年の改訂では，幼稚園と小学校の円滑な接続，規範意識や思考力の芽生えなどに関する指導の充実，教育課程に係る教育時間の終了後等におこなう教育活動（いわゆる預かり保育）や子育ての支援の基本的な考え方などについて記載がされました。

　このように，平成以降約10年ごとに改訂されてきましたが，2017（平成29）年3月31日同日に保育所保育指針，幼保連携型認定こども園教育・保育要領とあわせて一斉告示となり，同時に改訂（定）されるのは今回が初めてで，より一層の整合性がはかられました。育みたい資質・能力として「知識及び技能の基礎」「思考力，判断力，表現力等の基礎」「学びに向かう力，人間性等」の三つを第1章「総則」で示し，第2章の「ねらい及び内容」に基づく活動全体によって育むこととされました。また，この資質・能力の三つの柱をふまえた具体的な姿が「幼児期の終わりまでに育ってほしい姿」（10の姿）です。

　幼児教育の歴史は，1876（明治9）年に日本で最初の官立幼稚園となる東京女子師範学校附属幼稚園（現お茶の水女子大学附属幼稚園）が設立されてから，2017（平成29）年で140周年を迎えています。始まりは西欧の学校教育的な保育方法が導入されてきましたが，保育者たちが子どもの姿を見ながら苦悩し，より良い保育を模索し，日本の子どもたちに適したものへと改善していきました。現在ではどの園でもみられる積み木を用いたごっこ遊びや製作，園庭での砂遊びや水遊び，ブランコや滑り台などの固定遊具を用いた遊び，動物や植物の飼育栽培や遠足，誕生会や行事などは，明治後期から大正期にかけての30年ほどの間に保育の中に導入されていったのです（柴崎，2015）。

参考文献

・汐見稔幸・松本園子・髙田文子・矢治夕起・森川敬子（2017）『日本の保育の歴史：
子ども観と保育の歴史150年』萌文書林

日本の保育の歴史を整理し，近代社会における保育の誕生について，江戸時代
から明治，大正，昭和初期，戦後復興期から高度経済成長期，1990年代以降から
今日までの保育を取り上げています。
・倉橋惣三（著），津守真・森上史朗（編）（2008）『育ての心（上）（下）』フレー
ベル館

倉橋の子ども観，教育観，思想が，小論文や随筆としてまとめられています。様々
な視点から子どもと関わる味わい喜びを感じるとともに，読む側にとって励まし
となりはっとさせられる洞察があります。

引用文献

秋山光文（2006）「附属幼稚園創立130周年に寄せて」 お茶の水女子大学附属幼稚
園（編）『時の標：国立大学法人 お茶の水女子大学附属幼稚園 創立130周年記念』
62-63，フレーベル館

加藤繁美（2016）「保育要領の形成過程に関する研究」『保育学研究』第54巻，第1号，
6-17，一般社団法人日本保育学会

増田翼（2018）「保育思潮の変遷と子ども観（日本）」 吉田貴子・水田聖一・生田
貞子（編著）『保育の原理』福村出版

森上史朗（2008）『子どもに生きた人・倉橋惣三の生涯と仕事（上）』フレーベル館

小田豊（1999）『幼稚園教育の基本』小学館

小川史（2016）「日本の保育者のあゆみ」 秋田喜代美（編集代表），西山薫・菱田
隆昭（編集）『新時代の保育双書 今に生きる保育者論 第3版』みらい

佐伯胖（2001）『幼児教育へのいざない：円熟した保育者になるために』東京大学
出版会

相樂真樹子（2015）「託児施設の誕生とそこでの保育方法」 柴崎正行（編著）『保
育方法の基礎』わかば社

柴崎正行（2015）「わが国における保育実践のはじまり」柴崎正行（編著）『保育方法の基礎』わかば社

高山育子（2003）「戦後日本社会における家族と就学前教育―就学率規程要因としての『専業主婦率』に着目して―」『京都大学大学院教育学研究科紀要』第49号，363-375

民秋言（2014）『幼稚園教育要領・保育所保育指針の変遷と幼保連携型認定こども園教育・保育要領の成立』萌文書林

全国保育団体連絡会・保育研究所（編集）（2019）『保育白書 2019年版』ちいさいなかま社

学習課題

1．次のサイトには，お茶の水女子大学附属幼稚園で所蔵していた恩物やその他の教具など，教育資料が写真と共に紹介されています。確認してみましょう。

お茶の水女子大学デジタルアーカイブズ　附属幼稚園旧蔵教育資料

http://archives.cf.ocha.ac.jp/pic029_kyoiku_you.html　（2020年 7 月現在）

2．倉橋惣三著『幼稚園保育法真諦』を読んでみましょう。

参考HP：国立国会図書館デジタルコレクション

https://dl.ndl.go.jp/info:ndljp/pid/1446857　（2020年 7 月現在）

参考図書：『幼稚園真諦（倉橋惣三文庫）』2008年　フレーベル館

3．「保育要領」を読んでみましょう。時代背景とともにどのような趣旨で編集されたのか，まとめてみましょう。

参考HP：国立教育政策研究所　学習指導要領データベース

https://www.nier.go.jp/guideline/s22k/index.htm（2020年 7 月現在）

12 諸外国における保育・教育

《**目標とポイント**》 諸外国における様々な子ども観，教育観の歴史について
紹介し，日本の保育・教育の特徴を探ります。
《**キーワード**》 子どもの権利，世界のカリキュラム

1. 保育，幼児教育の歴史

（1）子ども観と子どもの権利

　子どもは一人の人間として尊重され，権利を認められている存在です。
子ども期から主体的・意欲的に環境に関わり，発達する存在としてふさ
わしく扱われることが求められるというのが，今日の社会の子ども像で
す。しかし，ドゥモース（1990）によれば，古代から4世紀にかけて，「子
殺し的様態」の時代とされ，子どもを焼き殺したり，凍えさせたり，溺
死させたり，振り回したり，乱暴に放り投げることが絶えずおこなわれ，
子殺しを罪悪とする法や世論はギリシャやローマにみられなかったとい
います。4世紀から13世紀にかけては「子捨て的様態」の時代で，実際
に子捨てをするというより乳母や修道院に預けたり，里子に出す習慣な
ど，感情の絆をもたない姿がありました。その後も18世紀に至るまで，
裕福な家庭を中心としてそうでない家庭でもかなりの子どもが出生後す
ぐに乳母に預けられていたといいます。この時代はキリスト教の影響に
より，神に授けられた生命を人が勝手に奪うよりは捨て子にすることが

教会によって推奨されていました。14世紀から17世紀にかけては，親子が心理的に接近し，子どもによせる関心の高さは，溺愛と厳格さの両方で表現される，「対立感情共存的様態」の時代とされています。18世紀は「侵入的様態」の時代であり，子どもの内面を支配しようとしていたとされ，体罰よりも，不服従は罪であるというような脅しや様々な罰の形式がとられていたといいます。19世紀から20世紀半ばにかけて，「社会化的様態」の時代とされ，子どもを支配するよりもむしろ訓練し，適切な方向へと導き，社会に順応するよう，社会化する過程となった，とされます。20世紀半ばからの「助力的様態」の時代では，親よりも子ども自身が自分の人生の段階ごとに必要なものを良く知っていると考えられ，子どもに応答し助力して日々の目標を達成させるよう心がけられていたといいます。

　アリエスは絵画に描かれた子どもの様子や子ども服の成立等，民衆の生活史を研究し，子どもが子どもらしく扱われるようになったと述べています。つまり子ども期が発見されたのは近代初頭であるといわれています（塩野谷，2009）。

　このように子どもが子どもとしてその存在を認められ尊重されるには，歴史的変遷がありました。今なお，様々な状況から生命の維持や成長発達に必要な栄養，医療，教育，生活への支援が受けられない子どもがいます。世界における児童労働，差別・偏見にさらされ，自由に意見を表明する機会が認められない子どもは数多くいると思われます。子どもが主体者として権利を認められることが大切だといえるでしょう。子どもの権利に関する歴史的経緯を概観しておきます。

　「児童の権利に関する条約（子どもの権利条約）」は，子どもの基本的人権を国際的に保障するために定められた条約です。18歳未満の児童（子ども）を権利をもつ主体と位置づけ，大人と同様ひとりの人間としての人権を認めるとともに，成長の過程で特別な保護や配慮が必要な子ども

日本語訳：（公財）日本ユニセフ協会

子どもの権利条約30周年となる2019年，その内容や重要性を知ってもらおうと各条文のアイコンを一覧にしたポスターが製作されました。

図12－1　ユニセフによるポスター

ならではの権利も定めています。前文と本文54条からなり，子どもの生きる権利，育つ権利，守られる権利，参加する権利という包括的な権利を実現・確保するために必要となる具体的な事項を規定しています。1989（平成元）年の第44回国連総会において採択され，1990（平成２）年に発効しました。日本は1994（平成６）年に批准しています。

　次に，日本の保育・教育に影響を与えたヒューマニズムの教育思想家数名について，簡単に取り上げてみたいと思います。

（２）フリードリヒ・フレーベル（1782-1852）

　フレーベルは幼稚園の基礎を築き，1840年世界で初めての「幼稚園（キンダーガルテン）」をドイツのバート・ブランケンブルクに開設した人物です。スイスの教育実践家ペスタロッチに学び，その影響を受けました。人間の教育は自己の活動を通して内部から発展させることにあり，

1839〜1844年までフレーベルの「遊びと作業の施設」として設立し後に世界で最初の幼稚園となります。フレーベル生誕200年を記念した施設として1982年に設置されました（2019年５月撮影）。

図12－２　ドイツのバート・ブランケンブルクにあるフリードリヒ・フレーベル博物館の外観

子どもの自己活動は遊びの中で最もよく実現される，とし，子どものための教育玩具「恩物」を考案したことでも知られています。フレーベルの教育思想の象徴となる言葉として「Kommt, lasst uns unsern Kindern leben!（いざ，子どもとともに生きん）」があげられます。しかし，フレーベルの幼稚園に対し1851年当時のプロイセン王国は幼稚園禁止令を出しました。これにより生涯をかけた事業は頓挫したまま，フレーベルは1852年6月にこの世を去りました。その後，幼稚園禁止令は撤回され，フレーベル主義幼稚園が展開し広まり，フレーベルの死後ドイツ国内外で極めて著名なドイツ人教育者となりました（ロックシュタイン，2014）。また，我が国最初の幼稚園（1876（明治9）年設立の東京女子師範学校附属幼稚園, 第11章参照）もフレーベルの思想にならい，恩物中心の保育をおこなってきました。

（3）マリア・モンテッソーリ（1870-1952）

　モンテッソーリはイタリアのローマ大学で女性として初めて医学博士となりました。モンテッソーリは障害のある子どもへの治療教育に携わり，その方法が障害のある子どもの教育だけに限定されるものではなく，一般の幼児にも適用できると考えました。子どもの感覚器官を訓練することで知的，精神的発達を導くと考え，「モンテッソーリ教具」を公案しました。ローマ不動産協会が貧困層向けのアパートに保育施設を設け，監督指導を任せたのが「子どもの家」です。そこでの実践から生まれた教育方法は，その後「モンテッソーリ教育法」として広く普及し，日本においても導入されてきました。

（4）ジョン・デューイ（1859-1952）

　アメリカの哲学者であり教育学者であるデューイは，児童の教育に関

する議論を中心におこない，シカゴ実験学校において彼の哲学的アイディアを教育的実践に移しました。その核となる概念は“経験experience”（Dewey，1916，1934）です。必ずしも幼児教育に限定された議論ではないといえますが，その理論・実践は多大な影響を与えました。

　デューイの遊びの定義において，“目的のなさaimless”を強調しています。遊びとは活動それ自体をこえる結果のために意識的に遂行されるものではなく，活動は秘めた目的に言及することなしにそれ自身の実行において楽しめる行為だとしています（Berding，2015）。当時フレーベル主義の幼稚園にみられた象徴主義，形式主義を批判し，現実の世界，生活の中で自発的に探索し主体的に参加することによる学習を重視しました。デューイにとって子どもの実際の経験は教育プロセスの出発点であり，終着点ではなく，また規定されたカリキュラムや標準的な方法でもないとされており，子どもが経験から個人の知識やスキルや洞察に根ざした次の新しい経験を獲得するといいます（Berding，2015）。

　我が国では，大正期に，教育界全体が自由教育運動の影響を受け，子どもの自発的興味から活動を発展させ，教育的意味付けをおこなっていく，児童中心主義の教育思想による保育・教育の改革が広まります（鍛冶，2015）。倉橋（1912）は，『婦人と子ども』（1901（明治34）年発行。現在は『幼児の教育』）において，モンテッソーリを紹介しています。また，「児童の自発性は必ずしも今に始まった問題ではない。殊にフレーベルの幼稚園教育の第一原理たる自己活動はすなわちこれに外ならぬのである」とし，さらにフレーベル主義を継承する中で形ばかりの継承が少なくない，と当時批判的に述べた論説を読むことができます。

2. 世界のカリキュラム

　OECDは幼児教育・保育において先進的な実践を調査し，『5つのカリキュラム（Five Curriculum Outlines)』として報告書を出しています（鈴木, 2014)。ベルギーの「経験に根ざした保育・教育（Experiential Education)」，アメリカの「ハイスコープカリキュラム（The High/Scope® Curriculum)」，イタリアの「レッジョ・エミリア・アプローチ」，ニュージーランドの「テ・ファリキ（Te Whariki)」，スウェーデンのカリキュラムです。この5つのカリキュラムのうち，「経験に根ざした保育・教育」と「ハイスコープカリキュラム」，「レッジョ・エミリア・アプローチ」について取り上げ，みてみましょう。

（1）経験に根ざした保育・教育（Experiential Education)
　リューベン大学のラーバーズ教授によるExperiential Education（EXE：経験に根ざした保育・教育, 1976) によると，現在おこなって

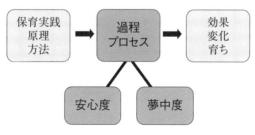

子どもがどれだけ　　子どもがどれだけ
生活で「心地よく」　活動に「没頭」して
過ごしているか　　　いるか

図12-3　保育プロセスの質
（Laevers, 2005；秋田ら, 2010に筆者が一部加筆）

いることはある成果を導くものとなっているかという視点が主流な現在社会に対し，子どもが教育・保育場面に参加し，そこで生きるとは何を意味しているのか一瞬一瞬を丁寧に読み解いていこうとしています。その際重視しているのが，子どもの「安心・安定」の感覚と「夢中・没頭」の感覚です。小学校教育においても徐々に影響ある教育モデルとなり，1991年から英国をはじめとする他のヨーロッパ諸国に普及し，世界各国で広がる評価として知られています。保育・教育の質とは何か，あるアプローチは文脈や方法，施設設備，保育者の行為に着目し，あるアプローチでは望ましい目標にあった成果や評価となっているかに着目します。この「経験に根ざした保育・教育」では，これらの中間にあるプロセス，すなわち"情動的安定"（子どもが安心し自発的で活き活きし自信をもっているか，など）と"没頭・関与"（チャレンジングな環境で意欲的に活動し集中しているか）に着目します。この視点は，日本の保育の言葉であえて言い換えると，"養護と教育"ということになるでしょう。

（2）ハイスコープカリキュラム（The High/Scope® Curriculum）

　貧困などリスクある地域の子どもを援助する目的で40年以上前に開発されました。当初よりプログラムを受けた子どもを対象に縦断的な追跡調査がおこなわれました。就学前，小学校，青年のプログラムの原理は"アクティブラーニング（主体的学習）"であり，子ども自身が興味をもった内容を中心に人や物，事象やアイディアなど積極的な経験を通して子どもは最もよく学ぶとされています。

　その鍵となる経験には「創造的表現（描画，役割遊び，ごっこ遊びなど）」，「言語とリテラシー（個人的に意味ある経験を話すこと，記述し言葉で楽しむことなど）」，「主導性と社会的関係（計画を立て，決定し，遊びの中で出会う問題を解決し，感情を表出し，他者に気付くなど）」，「身

体活動と音楽（拍子や多様な動きを感じ表現すること，歌う声の探究，メロディーを作ること）」，「論理的推論（類似性や違い，属性を探究し述べるなどの分類，属性によって比較し並べるなどの配列，1対1対応や数えたりなどの数量，形の変化，異なる遊び場，空間関係の解釈など空間を意識すること，開始と停止，時間間隔，事象を予想し述べるなど時間を意識すること）」があります（OECD，2004）。保育者は数学や読み書き，ドリルやワークブックなどを学校のような形では教えず，そのかわりにより幅広い言語や論理的能力の発達を支える経験と素材を提供します。葛藤場面では大人や他の子どもと議論することで問題を解決し，社会的スキルや他者とのつながりを意識する機会とします。また，アートや音楽も毎日の活動の一部で，少人数グループでアートに関する素材と，より多い人数で音楽活動を経験し，想像的表現をおこなっています。

（3）レッジョ・エミリア・アプローチ

　イタリアの北部レッジョ・エミリア市の公立の幼児学校，乳児施設でおこなわれてきた保育実践が世界で着目されるようになったのは，1991年ニューズウィーク誌に「世界で最もすぐれた10の学校」として紹介されたことにあり，今なお様々な国や地域で広がりをみせています。創設者ローリス・マラグッツィは，心理学者や哲学者，科学者など，様々な考えに触れながら，実践の中で改革をおこないました（Moss，2016）。

　教育空間において，象徴的なのが「アトリエ」です。アトリエは子どもたちのもっているものが最大限に引き出されそれらが可視化される教育の場の中心としてアトリエがあり，探究を通して異なる感性，意見をもつ他者との多様なコミュニケーションがおこなわれる対話の場となります（伊藤，2018）。また，アートの専門家であるアトリエリスタと教育の専門家であるペダゴジスタがいることも特徴です。レッジョ・エミ

リア・アプローチの教育研究の特徴的な方法が「ドキュメンテーション」で，その主な目的は子どもと子ども，教師と子ども，教師と教師，教師と親，親と親との関係づくりにあり，共有されることで学びの共同体が構成されていきます（佐藤，2018）。

3. 日本の保育・教育の特徴とは

　欧米諸国を中心によく知られた幼児教育思想家，アプローチについて紹介してきました。日本の幼児教育・保育はどのような特徴をもっているのでしょうか。

　アメリカの研究者ルイス（1995，2007）は日本の幼児教育・保育，小学校の文化を研究し，アメリカとの比較から日本には次のような4つの特徴があると指摘しています。まず，子ども同士の友達関係を育てる環境について日本の保育者が丁寧に考え，「集団生活の喜び」を育てるという点，行事や班活動，当番活動などにみるように教師の権威・賞罰によらない子ども同士の役割観や向社会的行動に対する子どもの「内発的動機づけ」を育てる場面があるということ，教師同士が個々にではなく皆で互いの保育や授業を見合い，意味を考え，一緒に検討しあう「授業研究・保育研究」などの専門的発達の機会があるということ，そして日本では学力の発達と社会性の発達が絡み合い，サポートし合う文化があると述べました。学校で教師がおこなう授業研究は"Lesson Study"として紹介され，2000年代にアメリカだけでなく世界各地に広がりを見せ，様々な国で教師や研究者によっておこなわれており，協働による研究がさらに展開しています（ウルフ・秋田，2008）。

　唐澤・林・松本・向田・トビン・朱（2006）は1989年と2003年にアメリカ，中国，日本の3か国の大学生に対して質問紙調査をおこない，文化間比較と年代による比較を行いました。「子どもが幼稚園で学ぶのに

一番大切なことは何ですか？」という質問に対し，中国・アメリカと比較して日本は「思いやり，共感性，他者への配慮」が最も高く，仲間関係におけるこうした側面への配慮は20年近く経ても重視されている一方，「文字を読みはじめたり，数を学びはじめる」といったアカデミックな内容は89年，03年ともに３ヵ国の中で最も割合が低い傾向があったといいます。

　日本の保育・教育の特徴とは，今までの章で見てきたように，日本の要領・指針に沿えば，「子どもの主体性」を尊重し，「環境」を通した「遊びによる総合的な指導」がその特徴だといえるかもしれませんが，我が国の特徴の一つとして指摘されているのがその多様性（無藤，2003）です。民間園による発展の歴史，地域による特色など，一口に我が国の特徴を述べることは難しいことだといえるでしょう。本章で紹介した海外の教育アプローチに影響を受け，導入している園も多くあります。

　我々が理想とする幼児教育・保育のアプローチにおいて，子どもの最善を追求する保育は具体的にどのようにおこなわれているのか，各園・保育者各々が探究し続ける姿勢と実践に反映されています。様々な国内外の保育を見ることで我々が何を大切としているのかを自覚化し，さらによりよい保育の質に向けていくことができるのかもしれません。

参考文献

・マルギッタ・ロックシュタイン（著），小笠原道雄（監訳），木内陽一・松村納央子（訳）（2014）『遊びが子どもを育てる：フレーベルの〈幼稚園〉と〈教育遊具〉』福村出版

　ドイツのフリードリヒ・フレーベル博物館の専門学芸員が執筆した叢書の翻訳。フレーベルの生涯，恩物について，まとめられています。

・レッジョ・チルドレン（著），ワタリウム美術館（編）（2012）『子どもたちの100の言葉』日東書院本社

レッジョ・エミリア・アプローチについて，たくさんの書籍が出版されています。ミネルヴァ書房から発行されている雑誌『発達』156号，Vol.39（2018）では，特集「なぜいまレッジョ・エミリアなのか」が組まれ，いまなお世界で，日本で着目され続けているレッジョ・エミリアについての論考を読むことができます。

引用文献

秋田喜代美・芦田宏・鈴木正敏・門田理世・野口隆子・箕輪潤子・淀川裕美・小田豊（2010）『子どもの経験から振り返る保育プロセス』幼児教育映像制作委員会

Berding, J.（2015）John Dewey　David, T., Goouch, K., Powell, S.（Eds.）The Routledge International Handbook of Philosophies and Theories of Early Childhood Education and Care.

Dewey, J.（1934）Art as experience. Minton, Balch.

Dewey, J.（1916）Democracy and education: An introduction to the philosophy of education. MacMillan.

ドゥモース，L.（著），宮澤康人ほか（訳）（1990）『親子関係の進化：子ども期の心理発生的歴史学』海鳴社

伊藤史子（2018）「創造性を関係性のなかでとらえた3つの場面の分析と創造性を育む（関係性へいざなう）素材や環境のあり方について～芸術・デザインの視点から～」『これからの時代に求められる資質・能力を育成するための幼児教育指導　調査研究シリーズ』No. 71，113-129，公益財団法人日本教材文化研究財団

鍛冶礼子（2015）「児童中心主義の影響」　柴崎正行（編著）『保育方法の基礎』わかば社

唐澤真弓・林安希子・松本朋子・向田久美子・トビン・ジョセフ・朱瑛（2006）「幼児教育の文化的意味—日本，アメリカ，中国における文化間および文化内比較—」『発達研究』Vol.20，33-42，公益財団法人発達科学研究教育センター

倉橋惣三（1912）「モンテッソリの教育」『婦人と子ども』12巻，4号，155-164，フレーベル館

Leavers, F. (Ed.) (2005) Well-being and involvement in care settings. A process oriented Self-evaluation instrument.

OECD (2004) Starting Strong Curricula and Pedagogies in Early Childhood Education and Care Five Curriculum Outlines. Directorate for Education, OECD.

佐藤学 (2018)「ローリス・マラグッツィの思想の歴史的意味」『発達』156号, Vol.39, 8-13, ミネルヴァ書房

塩野谷斉 (2009)「子ども観と子どもの権利」岸井勇雄・無藤隆・柴崎正行 (監修), 柴崎正行 (編著)『保育原理―新しい保育の基礎― 第三版』同文書院

鈴木正敏 (2014)「幼児教育・保育をめぐる国際的動向―OECDの視点から見た質の向上と保育政策―」『教育学研究』第81巻, 第4号, 460-472, 一般社団法人日本教育学会

ルイス, C. (2007)「5歳児にとっていい教育は何か」 小田豊・鈴木正敏・キャサリンルイス・秋田喜代美・佐藤学「日本保育学会第60回大会準備委員会企画シンポジウムⅣ, 保育・教育の指導内容, 方法を通して幼児期と児童期の接続を考える―文化に埋め込まれた『ふさわしい遊びや活動』とは？―」『日本保育学会第60回大会準備委員会企画事業報告書』144-159, 十文字学園女子大学

Lewis, C. (1995) Educating Hearts and Minds: Reflections on Japanese Preschool and Elementary Education. Cambridge University Press.

Moss, P. (2016) Years of growth. Cagliari, P., Castagnetti, M., Giudici, C., Rinaldi, C., Vea Vecchi & Moss, P (Eds.) Loris Malaguzzi and the schools of Reggio Emilia. Routledge.

無藤隆 (2003)「保育学研究の現状と展望」『教育学研究』第70巻, 第3号, 393-400, 一般社団法人日本教育学会

ロックシュタイン, M. (著), 小笠原道雄 (監訳), 木内陽一・松村納央子 (訳) (2014)『遊びが子どもを育てる：フレーベルの〈幼稚園〉と〈教育遊具〉』福村出版

ウルフ, J., & 秋田喜代美 (2008)「レッスンスタディの国際的動向と授業研究への問い―日本・アメリカ・香港におけるレッスンスタディの比較研究」 秋田喜代美・ルイス, C. (編著)『授業の研究 教師の学習：レッスンスタディへのいざない』24-42, 明石書店

1. 子どもの権利条約について考えてみましょう。まず条文を読み，1
　条から40条は，子どもの生きる権利，育つ権利，守られる権利，参加
　する権利の4つのうちどれと関連しているか，分類してみましょう。
　（ユニセフHPから，「子どもの権利条約カードブック」をダウンロー
　ドできます。わかりやすい要約とイラストのカードとともに，条文全
　文も記されていますので，これを使って分類してみるとわかりやすい
　でしょう。）
　https://www.unicef.or.jp/kodomo/nani/siryo/pdf/cardbook.
　pdf?191220　（2020年7月現在）

13 | 家族・保育の多様化と子育ての支援

《**目標とポイント**》　現代社会における社会，地域，家族の多様化と子育てに
ついて，データ資料を基に理解します。また，家族の多様化とともに生じる
保育の多様化について，園で求められる子育ての支援，様々な専門的機関と
の連携について学びます。

《**キーワード**》　家族の多様化，地域との連携

1. 現代社会と家族の変化

　ヒト以外の動物では，遺伝的に近親ではない子どもを育て助けること
は珍しく，ヒトは子育てを近親者以外と協力するアロケア（allocare）
を発達させ，長い人生の中でゆっくり成長成熟し，学習していく存在だ
といわれています。現代の狩猟採集民族の子育てに関する人類学的な研
究によると，子どもは血縁者と一対一で接するよりも，共同体に開かれ
た子育てをおこなっている事例があがっています。例えば，赤ちゃんは
主たる養育者となる母親だけでなく，空間的に近い位置にいるコミュニ
ティメンバーに接し，多くのケアを受ける機会があるといいます
（Boyette, 2015）。現代の社会的養護は，制度化されたアロケア（平田・
根ヶ山，2012）としてとらえられるでしょう。

　現代の特に都市部における居住形態や生活状況，地域の人間関係の希
薄化，公園等の遊び場等共有スペースの減少，核家族化とその脆弱化，

少子化などにより，子育てが孤独になりやすい状況があるのではないでしょうか。現代では離婚件数とともにひとり親家庭が増加しています。親子を取り巻く様々な専門機関によるサポートが益々重要となっています。「家族」の様態の変化と，それに伴う保育の場の変化，保育者に求められる役割について，まずデータをもとに整理してみましょう。

（1）共働き世帯の増加

　子どもを持つ保護者の労働状況を見てみると，時代によって共働き世帯と専業主婦（男性雇用者と無業の妻）世帯は推移しています。

　昭和50年代には専業主婦世帯が多かったのですが，共働き世帯が徐々に増え，1997（平成9）年には専業主婦世帯を上回り，男女共同参画社会基本法が公布・施行された1999（平成11）年以降も増加していることがわかります（図13－1）。男女共同参画社会とは，「男女が，社会の対等な構成員として，自らの意思によって社会のあらゆる分野における活動に参画する機会が確保され，もって男女が均等に政治的，経済的，社会的及び文化的利益を享受することができ，かつ，共に責任を担うべき社会」を意味します（男女共同参画社会基本法第2条）。しかし一方で，育児休業制度の取得率をみると，女性労働者の取得率は2017（平成29）年は83.2％，同時期の男性労働者の育児休業取得率は民間企業で5.14％，取得期間についても女性の方が長いです。また，正規労働者と有期契約労働者との育児休業取得率にも差があります（全国保育団体連絡会・保育研究所，2019）。我が国において，社会に参画する女性が増えたことを意味する一方で，国際的に見てみると，男女格差を測るジェンダー・ギャップ指数（経済，教育，健康，政治の各分野毎に各使用データをウェイト付けして総合値を算出。その分野毎総合値を単純平均して算出）は2019（令和元）年153カ国中121位でした。我が国の男性の家事・育児に

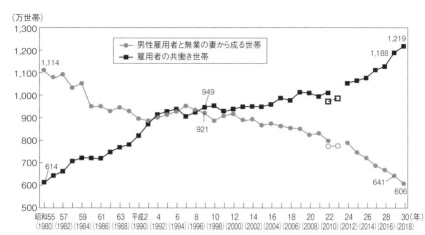

〈備考〉 1．昭和55年から平成13年までは総務庁「労働力調査特別調査」（各年2月。ただし，昭和
　　　　 55年から57年は各年3月），平成14年以降は総務省「労働力調査（詳細集計）」より作成。
　　　　 「労働力調査特別調査」と「労働力調査（詳細集計）」とでは，調査方法，調査月等が相
　　　　 違することから，時系列比較には注意を要する。
　　　　 2．「男性雇用者と無業の妻から成る世帯」とは，平成29年までは，夫が非農林業雇用者で，
　　　　 妻が非就業者（非労働力人口及び完全失業者）の世帯。平成30年は，就業状態の分類区
　　　　 分の変更に伴い，夫が非農林業雇用者で，妻が非就業者（非労働力人口及び失業者）の
　　　　 世帯。
　　　　 3．「雇用者の共働き世帯」とは，夫婦共に非農林業雇用者（非正規の職員・従業員を含む）
　　　　 の世帯。
　　　　 4．平成22年及び23年の値（白抜き表示）は，岩手県，宮城県及び福島県を除く全国の結果。

図13－1　共働き等世帯数の推移（内閣府男女共同参画局，2019）

費やす時間は世界的にみて少なく，女性の負担が多かったことからも（総
務省，2001），女性が多いことが示唆され，女性が社会で活躍しにくい
状況があるといえます。

（2）保育所等利用率の増加と待機児童問題

　子育て世代の女性の就業率上昇に伴い，保育所等の利用も増加してい
ます。尚，利用ニーズは変化しており，現在1，2歳児の保育需要が増

（人）

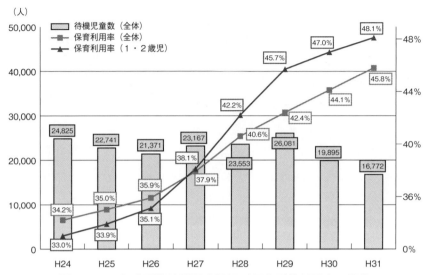

図13－2　保育所等待機児童数及び保育所等利用率の推移
（厚生労働省，2019年）

えています。保育所入所申請をしても入れず入所待ち（待機）している
待機児童の問題については，今尚継続中です。待機児童数全体からみる
と減少していますが，都道府県市区町村別に見てみると増加地域もあり，
主に都市部に多いこと（厚生労働省，2019），また保護者が預けたくて
もあきらめざるを得ない潜在的待機児童がいることなども想定されま
す。働く保護者にとってより良い育児環境を得やすくすることは重要な
課題です。では，国はどのような対策をしてきているのでしょうか。政
策動向を見てみましょう。

2. これまでの子育ての支援に関する対策の経緯と 保育の多様化

（1）少子化対策としての子育て支援

　1990（平成2）年の「1.57ショック」を契機に，政府は少子化対策と
して様々な計画を検討しています（「1.57ショック」とは，前年1989（平
成元）年の合計特殊出生率が1.57であり，「ひのえうま」という特殊要
因により過去最低の1966（昭和41）年の合計特殊出生率1.58を下回った
ことが判明した時の衝撃を指しています）。

　最初の具体的な計画が，1994（平成6）年策定の「エンゼルプラン」
であり，その後1999（平成11）年策定の「新エンゼルプラン」では，重
点施策として仕事と育児の両立のための雇用環境の整備や母子保健医療
体制の充実とともに，多様な保育サービスの充実を図ろうとしました。
例えば0から2歳児までの低年齢児受け入れの拡大，都市部を中心に通
常の保育時間を超えて保育時間の延長をおこなう保育所を普及する延長
保育，休日保育の拡大，親が病気の時や仕事の都合など一時的に利用で
きる一時的保育事業の拡充，地域の子育ての支援の中心的機能をはたせ
るよう施設設備の整備を図る保育所の多機能化などがあり，以降，量的
拡大・拡充を進めようとしてきたのです。

　2012（平成24）年8月子ども・子育て関連3法が成立し，2015（平成
27）年4月から「子ども・子育て支援新制度」が施行され，幼稚園と保
育所の機能を併せ持つ統合的施設として設置された認定こども園の数が
増加しています。また，地域型保育事業として主に3歳児未満を対象に，
少人数（定員6〜19人）で保育を行う小規模保育，少人数（定員5人以
下）を対象に家庭的な雰囲気で保育を行う家庭的保育，会社の事業の保
育施設など事業内保育，障害・疾患など個別のケアが必要な場合や施設

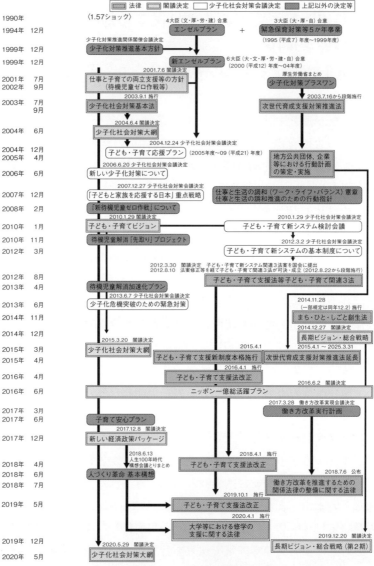

図13－3　少子化対策　これまでの国の取組（内閣府HP）

がない地域で保育を維持する必要がある場合保護者の自宅で保育を行う委託訪問型保育など，保育需要に応じた拡充も図られています。「子育て安心プラン」では政府目標の量的拡充・拡大とともに，保育人材の確保や男性による育児促進などの"働き方改革"をさらに推進していこうとしています。

（2）保育の長時間化

　このように，様々なニーズとともに保育現場は変化し，保育者の仕事内容も多様化しています。同時に，職場の勤務時間にあわせて子どもを預かってほしいというニーズを満たすために，保育は長時間化している実情があります。「児童福祉施設の設備及び運営に関する基準」第34条をみると，「保育所における保育時間は，１日につき８時間を原則とし，その地方における乳幼児の保護者の労働時間その他家庭の状況等を考慮して，保育所の長がこれを定める」としています。保育所の開所時間別保育所数から実態をみてみると，９時間以下の保育所は0.7％，９時間超〜11時間以下が27.8％，11時間超〜12時間以下が56.3％，12時間超は15.3％で，11時間を超える保育所が半数以上を占めています（全国保育団体連絡会・保育研究所，2019）。保育現場ではシフトを細かく設定したり，複数担当・交代制などをとったり，朝夕など非常勤職員を配置したりするなど人員配置の点で工夫をしています。１日を通して，子どもの姿を見て保育者間で連携・協働することの必要性が増します。また，記録の時間，保育者の専門性を高め保育の質向上を図るための園内研修をするなど，子どもと接しないノンコンタクトタイムを確保するための工夫も必要となります。

　幼稚園もまた，正規の教育時間を超えて園で子どもを預かる，いわゆる「預かり保育」（「教育課程に係る教育時間終了後等に行う教育活動な

表13-1 園の開所時間

	幼稚園		保育所		認定こども園	
	国公立	私立	公営	私営	公営	私営
12年	7時間9分	9時間21分	10時間57分	11時間51分	—	—
18年	7時間29分	9時間29分	11時間25分	12時間2分	11時間24分	11時間50分

※各園の預かり保育や延長保育も含めた最も早い保育の開始時刻と最も遅い保育の終了時刻を採用
し，（終了時刻）−（開始時刻）で開所している時間の長さを算出
※無答不明を除いて集計
※園の区分ごとに開所時間の長さの平均を算出

（ベネッセ教育総合研究所，2019）

ど」）をおこなっています。保育所と比較すると短いですが，幼稚園・保育所とも，2012年と比べ2018年の方が長時間化している実態があります（表13-1）。園で過ごす時間が長くなり，保護者が子どもと接する機会が少なくなることも予想され，時間が長ければいいというわけではありませんが，大人の関わりの質が問われるでしょう。

3. 子育てとネットワーク

（1）育児不安

　個人によって，育児不安やつらさを感じる程度は異なります。菅原（1999）は子育てをつらいと感じる要因として3つの側面から述べています（図13-4）。まず，パーソナリティやライフスタイル，子どもとの接触経験や夫や子どもとの愛情関係，困難なく援助を求める行動をとれるかなど，母親自身の個人的要因です。また，子どもの人数や出生順位，子どもの環境の慣れやすさや気質などといった子ども側の要因もあります。さらに同時代の人が共通に持つ要因として，核家族化とともに

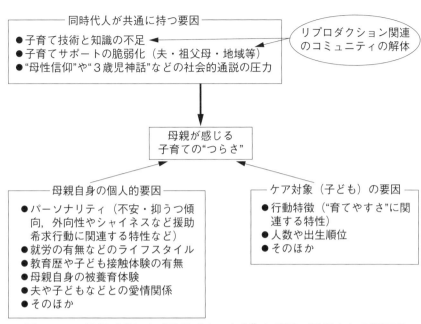

図13−4　母親が感じる"子育てのつらさ"に関連が予想される諸要因
(菅原，1999)

　地域の関係が希薄化し子育て技術や知識が伝わらず身近なサポートも受けにくいといった点や，親や祖父母など，世代によって例えば「子どもが小さいうちは家庭で母親が育てるべき」といったような育児観，社会的通説を周囲が持つことで子どもを育てる上でプレッシャーとなる場合があります。

　ベネッセ教育総合研究所（2015）は，首都圏の乳幼児を持つ保護者を中心に幼児の生活に関するアンケート調査を継続的におこない，2000年からの経年変化を示しています。母親の意識についてみると，多くの母親が肯定的感情を持っていることにかわりはありませんが，同時に，育児を行う上では，将来の不安，いらいらするなど否定的感情も伴ってい

ることがわかります（図13－5）。また，常勤の仕事を持つ母親よりも専業主婦のほうが育児不安を抱えやすい傾向があります。

　育児をする保護者が孤独感を感じることがないよう，子育てを支援するために，最も身近となるのは，園などの保育・幼児教育関連施設ではないでしょうか。子どもと保護者を取り巻く地域社会に子育てが開かれ

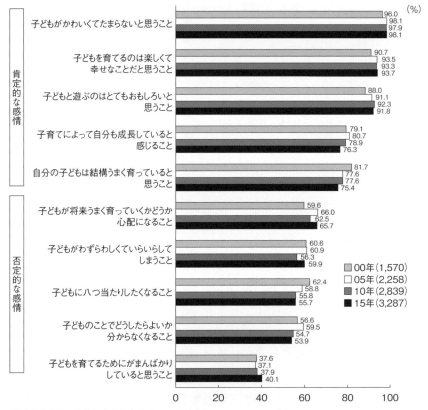

※「よくある＋ときどきある」の％。
※母親の回答のみ分析。
図13－5　母親の子育て意識（経年比較）（ベネッセ教育総合研究所，2015）

たものとなるために，様々な専門機関の連携が必要となります。

（2）地域社会の中で育つ子ども

　まず，図13－6を見てみましょう。乳幼児の子どもたちが通う保育・幼児教育関連機関として身近なのは，保育所・幼稚園・認定こども園などがあります。子どもがさらに成長していく学校などの教育関連機関，乳幼児健診など地域住民の健康保持増進や公衆衛生の向上に関わる保健関連機関，病院等の医療や障害をもつ子どもへの保育・教育を担う医療・

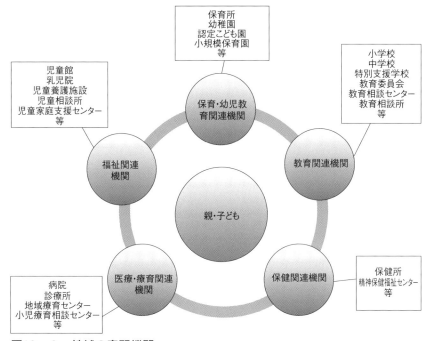

図13－6　地域の専門機関
（一般社団法人日本保育学会保育臨床相談システム検討委員会，2011を参照し筆者が加筆）

療育関連機関，児童福祉施設等福祉を推進する福祉関連機関など，子どもの成長発達を支え保護者が子どもを育てる際に関連する施設・専門機関が多様にあり，ネットワークとなっていることがわかります。さらに，近年増加している児童虐待，安全管理や自然災害などを想定した場合には，警察署や消防署等，さらにネットワークは広がりをみせることが想定されます。それぞれの施設には異なる専門分野の免許・資格等をもった多様な専門家が働いているため，保育・幼児教育関連機関としての園に勤務する保育者は必然的に異業種の専門家と関わり，連携・協働のための関係性を構築しておく必要性があります（野口，2019）。

　本章では，主に保護者側に焦点をあて，関連するデータ等を紹介してきました。子どもの生活は保護者の生活と密接に関係し，家族の生活は保護者の雇用・労働状況に影響を受けます。待機児童解消として，我が国の状況では預ける先を確保できるよう量的充足がまず話題にあがりますが，一般的に，量的拡大が急速に進むと質は下がると言われています。子どもにとって，その預け先である園がどのような場であるのか，子どもの発達成長にとって適切な保育・教育がおこなわれているのか，子どもにふさわしい場の質が保証されているのか，保育の「質」の問題が非常に重要となります。大人の声とともに，子どもの声を聞き取り，その代弁者となる保育者の存在はやはり重要です。保護者とともに様々な専門機関とのネットワークを築き連携・協働することが，子どもを中心としたよりよい保育の場を検討する鍵となるでしょう。

引用文献

ベネッセ教育総合研究所　（2015）「第5回　幼児の生活アンケート　速報版」

ベネッセ教育総合研究所（2019）「第3回　幼児教育・保育についての基本調査　速報版」

Boyette, A.H.（2015）The long view：Evolutionary theories of early childhood education and care.　David,T., Goouch,K. & Powell, S.（Eds.）The Routledge International Handbook of Philosophies and Theories of Early Childhood Education and Care.

平田修三・根ヶ山光一（2012）「制度化されたアロケアとしての児童養護施設：貧困の観点から」『発達心理学研究』第23巻，第4号，460-469，一般社団法人日本発達心理学会

一般社団法人日本保育学会保育臨床相談システム検討委員会（編）（2011）『地域における保育臨床相談のあり方：協働的な保育支援をめざして』ミネルヴァ書房

厚生労働省（2019）「保育所等関連状況取りまとめ（平成31年4月1日）」
　https://www.mhlw.go.jp/content/11907000/000544879.pdf　（2020年7月現在）

内閣府HP「少子化対策　これまでの国の取組」
　https://www8.cao.go.jp/shoushi/shoushika/data/pdf/torikumi/pdf　（2020年9月現在）

内閣府男女共同参画局（2019）『男女共同参画白書 令和元年版』勝美印刷

野口隆子（2019）「職場で学びあう専門家として」　秋田喜代美（編集代表），西山薫・菱田隆昭（編集）『今に生きる保育者論』87-103，みらい

総務省（2001）「社会生活基本調査（平成13年）」

菅原ますみ（1999）「子育てをめぐる母親の心理　乳幼児期の子育ての"つらさ"はどこから来るのか」　東洋・柏木惠子（編）『流動する社会と家族Ⅰ　社会と家族の心理学』47-79，ミネルヴァ書房

全国保育団体連絡会・保育研究所（編集）（2019）『保育白書 2019年版』ちいさいなかま社

学習課題

1. 「子ども・子育て支援新制度」について，「認定こども園」について，調べてみましょう。
（内閣府のHPにわかりやすく掲載されています。「よくわかる『子ども・子育て支援新制度』」，リーフレット「子ども・子育て支援新制度なるほどBOOK」など，ご参照ください）

2. 図13－6に示した様々な施設・専門機関について，自分の居住地の近くにどのように配置されているか，地図で探してみましょう。また，施設数やアクセスのしやすさなど，どこか別の地域も調べて比較してみましょう。

14 | 保育者の成長・発達

《**目標とポイント**》 保育者の倫理や専門性，保育者としての成長発達，園文化と同僚性についての理論を解説し，園における研修・研究の実践を紹介します。
《**キーワード**》 倫理，保育者の学び，保育者の専門的発達，同僚性，園文化

---

1. 育み，育まれる存在としての保育者

　ある保育者は幼稚園で３歳児クラス担任を初めて経験した時の驚きについて語っています。

事例14－1：保育者の語り（野口，2015）
　「私は３歳児クラスを経験したことがなかったので，１日目で衝撃を受けました。３歳児ってこういう風なんだと。一緒に担当した先生は，３歳児クラスを何度も経験されていたので，説明するときの言葉がとても上手。私が同じように真似して言ってみるのですが，私だとうまくいかないんです。自分と先輩の保育の違いを見て，ああ，まるで"魔法"のようだと思いました」

　保育者は，養成段階の基本的な学びを経て資格免許を取得します。そこからさらに，保育の場に出てクラスの子どもたちと関わり，保育者と

して他の同僚保育者たちと協働しながら，その園の方針ややり方を学び，また園内外の研修等で学ぶことにより，保育者として成長していくのです。その中で，特に初任者では，思い描いていた期待や理想と現実との違いに矛盾を認識するリアリティショックを感じることがあるといいます。また，たとえ保育者として子どもと接する経験をもっていたとしても，対象年齢によってかなりの違いがあり，関わり方の違いがあることがわかります。また，一緒に組んだ先輩保育者の言葉をまねるという方法をとってみてもうまくいかず，先輩の保育を“魔法”，すなわち，同じような言葉を試しても同じ結果にならない，原因がわからず，人の力ではなしえない人知の及ばない不思議な力が働いているかのような表現をしています。

　保育者が子ども（あるいは子どもたち）に話しかけ，指示をする場合においても，最初からスムーズにいくわけではありません。3歳児に対する言葉を例にあげると，“前を向いて先生の話を聞きましょう”が“おへそを先生に向けてください”という言葉で届くと体感的に先生に体を向けようとする動きになり，“静かに移動してください”が“忍者になって忍び足”になると，わくわくしながらも気付かれないように体をコントロールして静かに動くイメージがもたらされます。しかし言葉だけの問題ではなく，子どもがまなざしを向ける先に温かい笑顔があり，手遊びや歌など楽しいことをしてくれる人であり，困っている時に助けてくれる人であり，自分を受け止めわかってくれる安心できる人であるなど，保育者との関係性が個々の子どもたちにとって重要であり意味ある関係が構築されていくからこそ，子どもが目を向け耳を傾け心を開くのではないでしょうか。

　2002（平成14）年，文部科学省による幼稚園教員の資質向上に関する提言がおこなわれ，その副題には“自ら学ぶ幼稚園教員のために”とあ

ります。現在の社会において，保育者に求められるニーズは高度化・多様化しており，保育者として保育の場で仕事をしつつ，自らを磨き，研鑽をつむ努力をし続けることが専門性の中に位置付けられています。具体的に次のように述べられています。

幼稚園教員の資質向上について―自ら学ぶ幼稚園教員のために

平成14年6月24日　幼稚園教員の資質向上に関する調査研究協力者会議報告書

３．幼稚園教員に求められる専門性

　幼稚園教員は，幼児を理解し，活動の場面に応じた適切な指導を行う力をもつことが重要であり，さらに，家庭との連携を十分に図りつつ教育を展開する力なども求められている。

　具体的には，幼児を内面から理解し，総合的に指導する力，具体的に保育を構想する力，実践力，得意分野の育成，教員集団の一員としての協働性，特別な教育的配慮を要する幼児に対応する力，小学校や保育所との連携を推進する力，保護者及び地域社会との関係を構築する力，園長など管理職が発揮するリーダーシップ，人権に対する理解などが，教員に求められる専門性として挙げられる。

　また，全国保育士会が策定した倫理綱領もみておきましょう。専門家集団として，社会に対する責務と果たすべき役割について言及しています。ここでいう，最善の利益とは，子どもにとっての最善の利益を保育士が最も大切なこととして追求していこうとする姿勢をもつことを表明しています。

　保育者は子どもにとっての最善を追求し，具体的に保育を構想する力を獲得するため，自ら学び研鑽をつみ専門的に成長・発達する存在としての在り方，さらに保育者個人だけでなく園全体で質の向上と改善を図る在り方が求められているといえます。秋田（1998，2007）は，保育者は「育て教えること」の専門家であると同時に，子どもや同僚から自分の保育のよさや課題を引き出してもらいながら，それに向き合い互恵的

全国保育士会倫理綱領

　すべての子どもは，豊かな愛情のなかで心身ともに健やかに育てられ，自ら伸びていく無限の可能性を持っています。

　私たちは，子どもが現在（いま）を幸せに生活し，未来（あす）を生きる力を育てる保育の仕事に誇りと責任をもって，自らの人間性と専門性の向上に努め，一人ひとりの子どもを心から尊重し，次のことを行います。

　　　私たちは，子どもの育ちを支えます。

　　　私たちは，保護者の子育てを支えます。

　　　私たちは，子どもと子育てにやさしい社会をつくります。

（子どもの最善の利益の尊重）

1．私たちは，一人ひとりの子どもの最善の利益を第一に考え，保育を通してその福祉を積極的に増進するよう努めます。

（子どもの発達保障）

2．私たちは，養護と教育が一体となった保育を通して，一人ひとりの子どもが心身ともに健康，安全で情緒の安定した生活ができる環境を用意し，生きる喜びと力を育むことを基本として，その健やかな育ちを支えます。

（保護者との協力）

3．私たちは，子どもと保護者のおかれた状況や意向を受けとめ，保護者とより良い協力関係を築きながら，子どもの育ちや子育てを支えます。

（プライバシーの保護）

4．私たちは，一人ひとりのプライバシーを保護するため，保育を通して知り得た個人の情報や秘密を守ります。

（チームワークと自己評価）

5．私たちは，職場におけるチームワークや，関係する他の専門機関との連携を大切にします。

　また，自らの行う保育について，常に子どもの視点に立って自己評価を行い，保育の質の向上を図ります。

（利用者の代弁）

6．私たちは，日々の保育や子育て支援の活動を通して子どものニーズを受けとめ，子どもの立場に立ってそれを代弁します。

　また，子育てをしているすべての保護者のニーズを受けとめ，それを代弁していくことも重要な役割と考え，行動します。

（地域の子育て支援）

7．私たちは，地域の人々や関係機関とともに子育てを支援し，そのネットワークにより，地域で子どもを育てる環境づくりに努めます。

（専門職としての責務）

8．私たちは，研修や自己研鑽を通して，常に自らの人間性と専門性の向上に努め，専門職としての責務を果たします。

社会福祉法人　全国社会福祉協議会
全　国　保　育　協　議　会
全　国　保　育　士　会

に学んでいく「学びの専門家」であると述べています。また，そういった学びは，職場集団の文化，同僚性の中で育まれていく側面をもっています。

　教師や保育者の仕事には「再帰性」と「不確実性」と「無境界性」という特徴があります（佐藤，1994）。保育者が実践をおこなう際に，正解や確実な理論・技術はなく，新しいクラス・子どもを目の前にした時に以前有効であった方法がうまく機能する保障はありません。仕事に対する評価も目に見えてわかりやすい形で得られるものではありません。絶え間なく続けられる第三者による評価と自己評価によって研鑽をつみ重ねていくこと，クラスの枠を超え，多種多様な役割が求められています。曖昧な状況の中で判断し主体的に実践することは，時に孤立感と無力感を深めていくことも考えられます。お互いに見守り励ましあい，保育者としての成長を支えてくれる同僚性は，保育の場の多忙な日々の緊張感をやわらげ，保育者として生きる喜びを見出すことにもつながると考えられます。

　表14－1には，保育者の専門的発達を促す要因についてまとめています。保育者が個々に独立して働くのではなく，職場集団の中で他の保育者とアイディアを共有し，それに関連したコミュニケーションがなされ，園全体の意思決定に関与するなどの経験は専門的発達にプラスの要因となる一方，周囲の支援がないまま困難な状況を個々の保育者が抱え，管理的立場にある者が園内部より外部への対応を重視しリーダーシップを十分に発揮していないような状態はストレスをもたらすといいます。同僚性の在り方が，保育者の主体的な学びを促し，多忙な日々を送る毎日の緊張感をやわらげ，保育者として生きる喜びをもたらしていると考えられます。もし保育者が孤立感と無力感を深めていくような状況が常態化すると，心身ともに疲れ果て無責任で消極的な対応をする，仕事を

表14-1　保育者の専門的発達を促す要因

プラスの要因	ストレスをもたらす要因
・他の保育者とアイディアを共有する機会がある ・管理者や保育者仲間とのコミュニケーション ・管理者や保育者仲間から評価を受けている ・他の同期の保育者との相互作用 ・園のスタッフ全員が意思決定のプロセスに関与する	・保育の困難さについて公的な認識がない ・保育者より外部（保護者）の評価を支持する管理者 ・教材やカリキュラム，スケジュール，方針，報告のシステムなど，園の運営について，管理者から十分な指示がない ・保護者から個々に異なった期待がよせられる

（Heck & Williams, 1986より筆者が抜粋，加筆修正）

やめたくなるといった「燃えつき現象（バーンアウト）」に陥ってしまう可能性があります。

　このように，専門的発達は，保育者個人で達成されるものではなく，指導的立場にある保育者，園長，管理者など，園・職場がもつ雰囲気，風土など，園文化，同僚性もまた個々の保育者の専門的発達を促していくものであり，それがさらに保育全体の質の向上へとつながっていくのです。

2. 保育者のライフコースに見る専門的発達のモデル

　保育者の経験年数は，小学校教師等と比べ短いといわれています。文部科学省の学校教員統計調査（平成28年度）を見ると，年齢が若く保育経験が短い集団によって構成される傾向があります。保育者を志す理由は人によって様々ですが，保育者という専門職を経験する上で共通の出来事があると考えられています。生涯にわたる専門職のライフヒスト

リー研究は，その専門職に関する理解を深めると考えられています（グッドソン・サイクス，2006）。ライフコースとは，「年齢によって区分された生涯期間を通じてのいくつかの軌跡，すなわち人生上の出来事についての時期，移行期間，間隔および順序にみられる社会的パターン」で，1人1人が個別的かつ多様な経験を伴うものの，共通の社会的パターンがあるとされています（稲垣ら，1988）。

　保育者の成長モデルに関する研究から，どのような成長・発達が想定されるか，みてみましょう。Katz（1972）は保育者の成長における4つの段階を次のように示しています。第1段階"サバイバル"の時期，第2段階"強化"，第3段階"リニューアル"，第4段階"成熟"です。初めて保育の場に参入する第1の段階の時期，新人保育者は予想とクラスの現実との矛盾を認識するリアリティショックを経験し，力不足と準備不足を感じる傾向があります。また，組織や職場文化への新参者として，メンバーとしての自己の確立をしなければならないという課題ももっています。自分は将来やっていけるのかという不安，職場・同僚への不信感とせめぎあう中で，保育者という専門職集団の中で生きていくことを選び取るのです。この時期には同僚や先輩からの支援や理解，励まし，安心，慰め，指導，技術的支援が必要です。そしてその後，実践を通して自分の保育理論を固め作っていく時期，経験とともに新たな問題に直面し一旦作り上げた自分の型を崩し壊しながら再度実践を形作っていく時期，そして保育実践の中で起こる問題に自分で対処が可能となり見通しをもち，専門家として成熟した自己を確立する時期へ変化していきます（野口，2015）。Vander Ven（1988，1990）によると，専門家集団に初めて参与する実習生や新任者の段階から，集団の中核メンバーとなり，後に古参メンバーとして他のスタッフにも責任を負う段階へと変化していきます。保育者のライフステージにおけるより後期の段階に

おいて，クラスでの実践や役割を超え，より広く行政制度などの公的側面や保育をおこなう上での財政や経営の側面にかかわる段階，今後の保育に向け抽象的・創造的思考をもち保育に関連するネットワークに目を向ける段階が表れてきます。

　図14−1は，保育経験10年までの若い保育者集団の例としてある私立幼稚園の保育者全員にインタビューをし，この園での保育経験を初年から現在まで振り返ってもらった語りの中から，共通点を中心にまとめたものです（野口，2015）。保育者になれたことの喜びとともに感じるリアリティショック，そして段々と社会人としても保育者としても慣れていく過程，さらに経験を得ることで年間の見通しがもてるようになっていく一方，子どもや保育がわかるようになったからこその悩み，自分が“先輩”になり，今までは教えてもらい助けてもらったことを自分がおこなう側になる悩み・責任感が生じています。自分と他の保育がわかるようになって協働的な実践が可能となり，園の中核となることで果たすべき役割について考えたりするようになっていく変化が見て取れます。段々と自分のおこなう実践と子どもの姿とのつながりがみえてくるようになり，何かあっても対応できるという心のゆとりや実践の自信が生じ，リーダーシップをとれるようになっていくようです。

　“何年経験すればこうなる”ということはいえません。成長・熟達のモデルは望ましい方向性の一つではありますが，あくまで個人のプロセスがあり，ある程度の目安として捉えておく必要があります。また単に経験年数を長く積むことが熟達につながるのではなく，経験の質が教師の成長と関係をもち，より上位の段階に効果的に早く進めればよいといわけではなく，本来の成長・発達の姿を見失うことになるという指摘もあります。秋田（1999）は教師の生涯発達研究の主なモデルを紹介しています（表14−2）。若い頃はいろいろと獲得していきますが，年をと

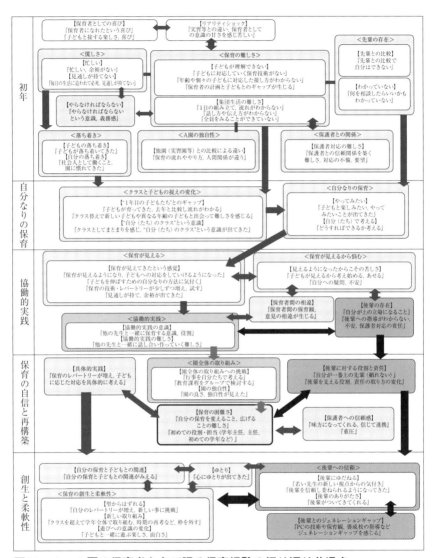

図14－1　A園の保育者たちが語る保育経験の振り返り共通点

（野口，2015より一部修正）

表14－2　教師の生涯発達研究の主なモデル

名　　称	変化方向イメージ	主に研究されてきた面
成長・熟達モデル	プラス／経験	特定の授業技能や学級経営技能・実践的な知識や思考過程
獲得・喪失両義性モデル	獲　得／喪　失／経験	知識・思考，生徒との対人関係，仕事や学びへの意欲
人生の危機的移行モデル	プラス／ライフコース	環境による認知的・対人的葛藤と対処様式，自我同一性，発達課題，社会文化の影響
共同体への参加モデル	周辺／十全／共同体	集団における地位・役割，技能，語り口，思考・信念様式，共同体成員間の相互作用

（秋田，1999）

　るといろいろできたことができなくなるというように，獲得と喪失もまた発達の変化として捉えられます。経験をつむことで，固定した見方や型にはまったマンネリズムに陥ったりする場合も生じる可能性があります。身体・運動面での衰えを感じたり，その中で自分の保育を見直し工夫していこうとする保育者，役割の変化を引き受けていこうとする保育者，結婚や出産など人生の中で保育者であることから一旦身を引く決断をする保育者など，様々な姿があることも予想されます。
　保育者の学び合い支え合う風土，同僚性の醸成には，園長のリーダー

シップ，主任や中堅保育者などのミドルリーダーシップが重要です。リーダーシップというと，従来カリスマ性があり，力や権威をもった一人のリーダーが指示等をおこない，フォロワーがそれに従うという伝統的なリーダーシップ観がありますが，保育の分野では人と関わりながら関係性を築き，チームとして取り組む協働が必要とされます。必要とされるのは分散型・協働的リーダーシップであり，専門的知識・技術の共有，理解，省察的対話が含まれます（Rodd，2013）。チームとして協働しながら支え，リードしながらもチームの一員として働く，自分自身が我が事として主体的に関わりながら，他の人の主体性が発揮できるよう引き出すように動く，そういったリーダーシップが求められています。野口ら（2019）は園長が効果的と考える園運営を質問紙調査で調べたところ，最も多かったのは子どもや保育者とのコミュニケーションや話し合いでした。お互いを理解し合い，共通認識をもつこと，その中心に子どもがいて，子どもについて常に語り合い実践を振り返り，次の保育へとつなげていくことが大事だといえます。

3．様々な視点で語ること，対話すること

　園ではどのような語り合いがおこなわれているのでしょうか。事例とともにみてみましょう。次の事例は，ある園の職員会議で子どもについて保育者が語り合い，記録する場面から抜き出しました。ある若手の担任保育者が，最近のクラスの悩みとして挙げた内容です。

事例14－2：職員会議の話し合い（野口，2015）
6月20日
M保育者（主任）：各年齢ごとに今の時期の子どもの姿を振り返ってみましょうか。3歳はいかがでしょうか。

N保育者（3歳児担任）：幼稚園の生活がわかってきて，「ごちそうさまをするんだよ」って言うと最近は座って待っています。“周りの友だちと一緒にいて楽しい”と思えるようになってきた反面，自分の居場所がわからなくなると，泣き出すときがあります。たとえば，「ここに座ればいい？」「何すればいい？」って確認をする子がいますね。

O保育者（3歳児担当）：○○ちゃんは不安をたくさん話してきてくれる印象がありますね。

　　　〜省略〜

　　（3歳児クラスの担任だけでなく，他の学年や担任をもっていないフリーの保育者それぞれが，気づいた点などを出し合って話し合う）

主任：今の時期の3歳児クラスの子どもたちの姿を整理すると，「クラス活動を安定して楽しむ。集団に慣れ，活動の流れがわかってきて，不安になったり泣いたりする姿もみられる」でしょうか。

園長：やっと園生活の不安と混乱が一段落してきて，少し周りのことが見えはじめる時期かもしれませんね。

P保育者（4歳児担任）：年中組に女の子のドレスがあって，今，変身するステッキやリボンをつくりたいっていう人が出てきているので，道具を用意しています。そうしたら，3歳クラスの子どもたちも好きで見にきたり，ドレスを着せてもらったりしているんですよ。

N保育者：先生，羽をつくりたいって言ってくるようになりました。

　クラス全体の姿，遊び集団の姿，そして気になる子の姿など，クラス担任を中心にしつつも，クラスを超えて保育者同士語り合う園文化があります。今の時期必要な援助は何か，これからどのような環境の構成を考えていくか，など共通認識を図る姿だといえます。

　次の事例は，保育室と園庭の環境を考える園内研修の事例です。皆で

午前中の保育を観察し，気付いた点について語り合い子どもの姿を環境図に付箋として貼ったり，時系列に沿って子どもの姿を追って確認しあったりしています。

事例14－3：付箋をつかった園内研修の語り合い

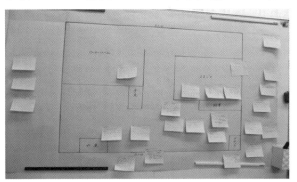

　その他，事例を持ち寄ったり，写真や映像をつかったりなど，研修の方法は様々です。外部講師を招いて自分たちだけでは気付かない自園の良さや課題について話し合ったり，園内外で見学をおこなったり，評価スケールなどを用いてその枠組から話し合ったりなど，研究課題や研修の目的によって様々なやり方や場の設定があります。

　研修の方法は様々ですが，自分がどのような視点で子どもを見ているか，無意識の子ども観・保育観を自覚し，クラスにいる目の前の子ども達の姿から捉え直し次の保育につなげていくことが大切です。子ども達は成長とともに様々な変化を示します。その変化に応じて子どもに向けるまなざしや関わりを常に振り返り，次の保育行為につなげていくこと，この繰り返しが学び続ける専門家集団としての保育者の成長をもたらすのです。

参考文献

・秋田喜代美（2018）『リーダーは保育をどうつくってきたか─実例で見るリーダーシップ研究─』フレーベル館

　　園のリーダー経験者25名へのインタビューを通して，多様な園，地域，経歴などが異なる中から園をどのように運営し，リーダーとしてどのような役割を果たしてきたのか，紹介し，解説しています。

・秋田喜代美・神長美津子（監修・執筆）（2016）『園内研修に生かせる実践・記録・共有アイディア：「科学する心」をはぐくむ保育』学研プラス

　　公益財団法人ソニー教育財団主催の「ソニー幼児教育支援プログラム」の入選論文や実践事例集「科学する心を育てる」をもとに，各園の実践内容や記録方法，保護者との共有，保育者による考察をまとめた内容となっています。記録や園内研修の参考になるでしょう。

引用文献

秋田喜代美（1999）「教師が発達する筋道」　藤岡完治・澤本和子（編著）『授業で成長する教師』27-39，ぎょうせい

秋田喜代美（1998）「実践の創造と同僚関係」　佐伯胖・黒崎勲・佐藤学・田中孝彦・浜田寿美男・藤田英典（編集委員）『教師像の再構築：岩波講座現代の教育6』235-259，岩波書店

秋田喜代美（2007）「授業研究の新たな動向：『実践化』の視点から」『日本家庭科教育学会誌』第49巻，第4号，249-255

グッドソン，L, & サイクス，P.（著），高井良健一・山田浩之・藤井泰・白松賢（訳）（2006）『ライフヒストリーの教育学：実践から方法論まで』昭和堂

Heck, S.F., & Williams, C.R.（1986）A naturalistic study of two first year teachers. In S.Kilmer（Ed.）, Advances in early education and day care, Vol.4, 123-152. Greenwich, CT: JAI Press.

稲垣忠彦・寺崎昌男・松平信久（編）（1988）『教師のライフコース：昭和史を教師として生きて』1-17，東京大学出版会

Katz, L.G.（1972）Developmental stage of preschool teachers The Elementary. School Journal, 23, No1, 50-54

文部科学省HP（2002）「幼稚園教員の資質向上について―自ら学ぶ幼稚園教員のために」（報告）
https://www.mext.go.jp/b_menu/shingi/chousa/shotou/019/toushin/020602.htm（2020年7月現在）

文部科学省（2016）「学校教員統計調査（平成28年度）」

野口隆子（2015）「保育者の専門的発達―幼稚園保育文化と語り―」 白梅学園大学2014年度学位論文

野口隆子（2011）「『子どもの経験を捉える視点』を養うために」『発達』No.126, Vol.32，18-24，ミネルヴァ書房

野口隆子・上田敏丈・椋田善之・秋田喜代美・芦田宏・門田理世・鈴木正敏・中坪史典・箕輪潤子（2019）「園長の役割と園運営の効果的な方法に関する研究―経験年数による比較―」日本教育方法学会第55回大会口頭発表

Rodd, J.（2013）Leadership in Early Childhood: The Pathway to Professionalism. 3rd edn. Maidenhead: Open University Press.

佐藤学（1994）「教師文化の構造―教育実践研究の立場から」 稲垣忠彦・久冨善之（編）『日本の教師文化』21-41, 東京大学出版会

Vander Ven, K.（1988）Pathways to professional effectiveness for early childhood educators. In Professionalism and the Early Childhood Practitioner, B. Spodek, O. Saracho, & D.Peters（Eds.）, New York:Teachers College Press.

Vander Ven, K.（1990）The relationship between notions of caregiving held by early childhood practitioners and stages of career development. In Early Childhood Towards the 21st Century: A Worldwide Perspective. B.Po-King Chan（Ed.）, Hong Kong: Yew Chung Education Publishing.

全国保育士会HP（2003）「全国保育士会倫理綱領」
https://www.z-hoikushikai.com/about/kouryou/index.html （2020年7月現在）

学習課題

1. 保育・教育の場で働く保育者・教師の方に，インタビューをしてみ
ましょう。
(例えば，なぜその職業を目指したのか，１年目と今ではどのような
違いがあるか，苦労したこと・工夫したこと，など，本章の内容をふ
まえ，インタビューする内容を考えてみましょう)
2. 自治体，幼稚園・保育所等の団体において，保育者向けの研修はど
のようなものが実施されているか，調べてみましょう。
(例えば，東京都板橋区の公立保育所では，保育の質向上のため公開
保育や園内継続研修などをおこなっています。板橋区子ども家庭部保
育サービス課研修機関紙「Shiningほいく」により簡単に内容をお知
らせしています)

15 | 今日の社会における保育・教育

《**目標とポイント**》 今日の社会における保育をめぐる国際的動向について取り上げ，日本の保育・教育における課題を提示します。
《**キーワード**》 保育の質と向上，保育の国際化

1. 幼児教育の重要性

　今日の幼児教育・保育は我が国においても，世界各国においても，非常に着目されています。労働経済学の分野から幼児教育の重要性を示唆した研究として話題を集めたのが，ノーベル経済学賞を受賞したシカゴ大学のジェームズ・ヘックマンによるペリー就学前教育プロジェクトの分析結果です(ヘックマン，2015)。ペリー就学前教育プロジェクトとは，1962年から1967年にミシガン州で低所得層のアフリカ系の子どもを対象に実施され，就学前の幼児に午前中2時間半ずつ学校で子どもの自発性を大切にする遊びの活動をおこない，社会的スキルを教えたり，さらに週に一度は教師が各家庭を訪問して90分の指導をおこないました。

　その結果，就学のための準備，14歳時点の学習意欲と基礎学力，高校卒業率など，学習に関して就学前教育プロジェクトに参加した子どものほうが高いということ，さらに40歳時点での追跡調査によると，収入や持家率が高く，生活保護の受給率や逮捕歴が低かったといいます（図15−1）。就学前教育をおこなったことによる社会全体の投資収益率を

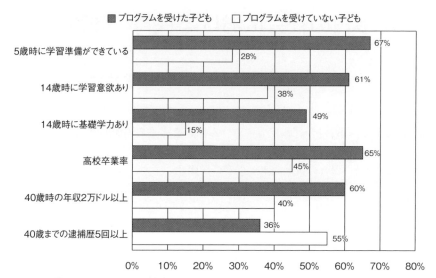

■プログラムを受けた子ども　□プログラムを受けていない子ども

図15－1　ペリー就学前教育40歳までの追跡調査の主要な成果
（Schweinhart, L. and J. Montie, 2004）

調べると，15〜17%という非常に高い数値となり，教育投資効果が高い
ということを示したのです。アメリカではマイノリティの経済的貧困が
社会問題となっていますが，教育を受ける機会が少ない経済的に恵まれ
ない子どもたちに対し，就学前から公的な教育支援をおこない，その後
も支援を続けることが望ましいと主張しました（大竹，2009）。今尚継
続的にデータ収集と分析がおこなわれています。貴重なデータ分析であ
り，学力を早期に身に付けるわけではなく，いわゆる「非認知」的な側
面を重視した就学前教育の意義について示した点は重要です。一方で，
効果を生み出した要因として，子どもたちが特定の幼児教育プログラム
だけでなく，保育者とのアタッチメントを含めた関係性の質，家庭訪問
によって養育者が得たサポートや近隣地域とのつながりなど，その他に
も多様な要因が想定されるので，因果関係に関するさらに詳細で実証的

な検討は必要です。また，就学前以降の子どものみならず思春期の子ど
もへの介入への検討，費用対効果に関する検討，また研究対象の結果を
そのまま拡大適用させてよいのかという点など，課題はあります（遠藤，
2017；ドウェック，2015）。

　保育の質と子どもの発達に関する様々な大規模縦断研究がおこなわれ
ており，アメリカ国立小児保健・人間発達研究所（NICHD，National
Institute of Child Health & Human Development）の研究，イギリスの
EPPE（Effective Preschool and Primary Education）などがあります。

2. 保育の質向上のために

（1）保育の質とは

　保育の質，とは何をさすのでしょうか。日本では少子化対策による増
園，保育者不足の解消など，量的充足を満たすことが議論の中心となっ
ています。しかし，ほとんどの子どもが園で長時間すごす場，そのもの
の質が高くないと子どもと家庭，社会にとって意味あるものとなりませ
ん。全ての園で子どもにとってより良い保育をおこなうことを目指す上
で，質の向上と改善は必須と言えるでしょう。

　淀川・秋田（2016）は，「Starting Strong Ⅱ」（OECD，2006）をも
とに保育の質は志向性の質，構造の質，教育の概念と実践，保育者と子
ども，子ども同士，保育者同士の相互作用あるいはプロセスの質，実施
運営の質，子どもの成果の質あるいはパフォーマンスの基準など，諸側
面があることを示しています（表15－1）。

　園舎や保育室の大きさ・広さ，保育者と子どもの人数比率，資格免許
等などの構造の質は数値として明示でき，目に見えやすいものです。し
かし，実際の保育実践は日々の子どもたちと保育者の関わり，保育者の
子どもに応じた環境の構成と再構成など，動的かつ総合的で，明示的に

表15-1　保育の質の諸側面

質の側面	内　容	具体的な説明・例
志向性の質 （orientation quality）	政府や自治体が示す方向性	法律，規制，政策等
構造の質 （structural quality）	物的・人的環境の全体的な構造	物的環境（園舎や園庭，遊具や素材・教材等）人的環境（保育者の養成と研修，保育者と子どもの人数比率，クラスサイズ，労働環境等）
教育の概念と実践 （educational concept and practice）	ナショナル・カリキュラム等で示される教育（保育）の概念や実践	（日本では，幼稚園教育要領，保育所保育指針，幼保連携型認定こども園教育・保育要領に示される保育のねらいや内容にあたる）
相互作用あるいはプロセスの質 （interaction or process quality）	保育者と子どもたち，子どもたち同士，保育者同士の関係性（相互作用）	子どもたちの育ちをもたらす，安心感や教育的意図等を含み込む，保育者や子どもたちの関係性
実施運営の質 （operational quality）	現場のニーズへの対応，質の向上，効果的なチーム形成等のための運営	園やクラスレベルの保育計画，職員の専門性向上のための研修参加の機会，実践の観察・評価・省察の時間確保，柔軟な保育時間等
子どもの成果の質あるいはパフォーマンスの基準 （child-outcome quality or performance standards）	現在の，そして未来の子どもたちの幸せ（well-being）につながる成果	何をもって成果（outcome）とするかは，各々の価値観等によって異なる

（淀川・秋田，2016）

示される場合もありますが身体的・暗黙的に示される特徴を持っています。子どもの発達，学力，幸せなど，何を保育・教育の目標とするかにより，関連する要因は異なり，測定対象も異なります。どういった関わりがよいとされるのか，国や地域の文化的相違もあるでしょう。世界各国では大規模かつ縦断的なデータ収集と分析をおこなうなど，保育の質に着目した研究が多くおこなわれています。政策決定においてデータをもとに効果等を検討するエビデンスの重要性が広く問われているといえます。しかし，様々な要因が複雑に絡み合い，総合的でダイナミックな変容をみせる保育・幼児教育の営みをどのように捉えればよいのでしょうか。

　保育のプロセスの質については，海外でさまざまな評価スケールが開発されており，日本でも翻訳されたり日本版として開発され紹介されたりしています。ベルギーで開発されたCIS（Child Involvement Scale, Laevers, 1994）やSICS（Process Oriented Self-evaluation Instrument for Care Settings, Laevers, 2005，SICSの日本版は秋田ら（2010）により開発されています），CLASS（Classroom Assessment Scoring System, Pianta, LaParo, & Hamre, 2008），ハームスらによって開発された保育環境評価スケール，ECERS（Early Childhood Environment Rating Scale）は改訂が重ねられ，ECERS-R，ECERS-3があります（埋橋・岡部，2019）。また米国で開発されたECERSを英国の文脈にあわせるため，政府がスポンサーとなった幼児教育の大規模縦断調査EPPE研究の際，ECERS-E（＝Extension）も刊行されました（Sylva, Melhuish, Sammons, Siraj-Blatchford, & Taggart, 2010）。ECERSは埋橋らによって邦訳され，保育者の研修で使用されています。

　また，保育者と子どものやりとりからプロセスの質を捉えるSSTEW（Sustained Shared Thinking Emotional Well-being），体を動かす遊び

のための環境の質MOVERS（Movement Environment Rating Scale）
なども翻訳され，公刊されました（アーチャー・シラージ，2018）。

　こうしたスケールを使用することで比較の視点を持つことが出来るた
め，国際比較研究などではよく使用されることがあります。一方，保育
の質を測定するスケールは，背景に教育哲学や保育観，考え方があり，
それらに基づいて保育を構成する要素を示し，分類し，保育を捉える枠
組を提示しています（埋橋，2018）。園の研修などで用いる場合は，ま
ず枠組を理解し，参照枠組として園で用いることで自園の特徴がわかり，
保育の質の向上に向けての認識を共有するということ，要領・指針を参
照しつつ内容を吟味していくことが大切だと考えられます。

（2）保育の質向上のために：現職者研修

　2017（平成29）年告示の幼稚園教育要領，保育所保育指針，幼保連携
型認定こども園教育・保育要領において，共通化が図られ，幼児教育を
おこなう施設として共有すべき事項として育みたい資質・能力及び「幼
児期の終わりまでに育ってほしい姿」（いわゆる"10の姿"）が新たに明
記されました（第１章参照）。無藤（2018）は幼児期の施設の教育として，
幼稚園・保育所・認定こども園が一緒になって，質の高い幼児教育を推
進する体制を整えることが課題であり，要領・指針を実質的なものとす
るため，その内容を十分に理解し，各園の全体的な計画や環境構成，指
導計画における具体的な中身を作り直し，日々の保育で実践していくこ
とが必要だと述べています。関連して，現職者の研修体制の確立と充実
について言及しています。従来より，国立・公立幼稚園などの保育者に
おいては，教育公務員特例法の定めに基づき，研修を受ける機会が保障
されています。新規に採用された保育者に対する研修（初任者研修），
10年に達した教員の資質向上のための研修（十年経験者研修）など，個々

の能力や課題に応じた研修を受けることにより，資質・力量の向上を図っていくことが求められ，その研修の機会が保障されています。しかし一方で，私立幼稚園，保育所，認定こども園等において，自治体によって差はありますが，必ずしも研修体制が整っているとはいえません。

　幼稚園，保育所，認定こども園共に我が国では公立よりも民営・私立の園組織の数が多く，そのため同じ地域内でも園間の関係が園児獲得による競争的関係を生み，園単独で閉じられた組織になりやすい特質を持つという指摘もあります（秋田ら，2016）。専門職としての幼稚園教諭・保育士・保育教諭の確立のために不可欠であり，初年，5年，10年，それ以上，主任，園長といった職位別の研修や各園のリーダーのための研修，外から支える幼児教育アドバイザーの任命と研修，大学院における高度な実践者の教育訓練や実践的研修者の養成が必要だといわれています。

　公益財団法人全日本私立幼稚園幼児教育研究機構では，幼稚園等が公開保育を実施し，外部の視点を導入することで自園の教育実践の質向上につなげようと，2017（平成29）年度から「公開保育を活用した幼児教育の質向上システム，ECEQ（イーセック，Early Childhood Education Quality System）」の普及を図っています。財団による研修を終え認定されたECEQコーディネーターは実施園を支え，寄り添いながら対話を促していくためのコーディネーターとしての役割を担います。普段通りの保育場面を他園の複数の保育者が見学し，公開保育をおこない，意見交換を図る中で保育について学び合い，また園内のコミュニケーションや同僚性を育む手法を獲得します。公開した園にとって，自分たちだけではわからない園の良さや独自性，課題を見つけ，質改善に向けていく動きにつなげます（公益財団法人全日本私立幼稚園幼児教育研究機構，2019）。日々保育をおこないながら，その保育を外部に向けて公開する

ということは，公立・私立を問わず簡単なことではありません。外部者を受けいれ検討をおこなうための運営をこなし，そして何を見られ何を言われるかという園にとってのプレッシャーではなく，保育を開くことで学びとなりより良い保育を探求しようとする一人ひとりの保育者の努力と同僚性を育むプロセスの只中でおこなわれているといえるでしょう。

（3）研究とネットワークのための基盤

　2015（平成27）年7月，東京大学に乳幼児の発達や幼児教育・保育の実践とそのための政策に関係する研究を総合的に推進するため，教育学研究科附属施設として，発達保育実践政策学センター（Cedep, The Center for Early Childhood Development, Education, and Policy Research）が設立されました。幼児教育・保育に焦点を絞った研究機関が設立されたのは当時日本初として報じられました（日本教育新聞2015/09/21記事より）。東京大学内，そして国内外の研究機関，国・自治体関連団体や民間企業と共にネットワークを形成し，大規模調査による知見やデータベース作成，またシンポジウムや研究刊行物による紹介がおこなわれ，随時ホームページ上で閲覧することができます。

　また，2016（平成28）年4月，国立教育政策研究所に幼児教育研究センターが新たに設置されました。このセンターは文部科学省をはじめとした関係省庁との連携の下，幼児教育に関する国内の調査研究拠点としての役割を担っています。

　こうしたセンターでおこなわれる大規模調査，縦断調査，国際比較研究により，エビデンスに基づく政策提言をおこなうことが可能となり，また広く研究知見が公表されることで研究者，幼児教育・保育関係者，実践の現場が容易にアクセスでき，研修ツールや実践事例など，最新の学びを得ることができます。

　また，現在保育の質の確保・向上を検討する会議がおこなわれています。厚生労働省子ども家庭局では，2018（平成30）年5月より有識者が参加する「保育所等における保育の質の確保・向上に関する検討会」がおこなわれました。同年9月には中間的な論点の整理がおこなわれ，保育の質の検討に当たって，子どもの健やかな成長と発達が保障されるよう，「子ども」を中心に考えることを最も基本とすることとされています。2019（令和元）年6月には，保育の場での質向上に向けた実践事例集も作成されました。文部科学省においては「幼児教育の実践の質向上に関する検討会」において，議論がおこなわれています。

3. 保育の国際化：持続可能な多文化社会のために

　我が国では，外国籍の子どもや帰国した子どもなど，保育・教育の場で外国につながる子どもと出会うことが以前にもまして増えています。自分とは違う髪や肌や目の色，言葉，文化風習などについて考え方の違う様々な人がいることに気付いていくきっかけとなります。当たり前だと思うことが外国につながる子どもにとっては当たり前ではないことが多々ありますが，外国人幼児の国の言葉や文化を取り入れることは国際理解教育の基盤を培うことにもなります。

　海外の保育園を訪問した時，子どもたちが食事をするキッチンスペースで右の写真のような環境を見かけました。子どもが食べ残し

たものをいれる容器で，豚の絵が描かれていました。すぐそばの壁には，園で出た食品廃棄が豚の飼料となること，自然や命のつながりについての説明，"Sustainability（持続可能性）"という言葉，どんな豚が食べているか3匹の写真（シャーロット，マギー，バートの紹介）が掲示されていました。日本でも，食事マナーやしつけ，作ってくれた人への感謝の気持ちに思いをはせること，その他にも食事場面で保育をおこなう配慮点はたくさんありますが，社会とのつながりや参加，持続可能性の視点を考える明確な環境はあまりみられません。子どもにとって難しい場合，ややもすれば大人の一方的な知識伝達となってしまいますが，乳幼児期の子どもたちが身近に感じわかるような，ふさわしいものをどのように考えていけばよいでしょうか。

　「持続可能な開発（SD：Sustainable Development）」の概念は，「環境と開発に関する世界委員会」が1987年に公表した『我ら共有の未来』【ブルントラント報告書：Our Common Future（邦題は『地球の未来を守るために』）】の中で「将来世代のニーズを損なうことなく現在の世代のニーズを満たすこと」という表現で示されています（永田，2010）。環境的視点，経済的支援，社会・文化的視点からより質の高い生活も含む全ての人々にもたらすことのできる開発や発展を目指した教育が「Education for Sustainable Development：ESD」です。国立教育政策研究所教育課程研究センターでは，「学校における持続可能な発展のための教育（ESD）に関する研究」の最終報告書を2012（平成24）年にまとめています。しかし，就学前教育では，研究や実践などあまり関心がもたれずとりくまれてこなかった経緯がありました。そのような中で，広島大学附属幼稚園では，「学校における持続可能な発展のための教育（ESD）に関する研究（最終報告書）」で示された「持続可能な社会づくりの構成概念」「ESDの視点に立った学習指導で重視する能力・態度

表15−2　「持続可能な社会づくりの構成概念」と「持続可能な社会づくりの構成概念（幼児版）」の比較

		「持続可能な社会づくり」の構成概念（国立教育政策研究所・2012）	「持続可能な社会づくりの構成概念（幼児版）」（広島大学附属幼稚園・2015）
	0. 受容性　受け止めている		私たちを取り巻く世界は、私の存在を根底から支え、受け止めていること。
人を取り巻く環境（自然・文化・社会・経済など）に関する概念	Ⅰ 多様性　いろいろある	自然・文化・社会・経済は、起源・性質・状態などが異なる多種多様な事物（ものごと）から成り立ち、それらの中では多種多様な現象（出来事）が起きていること。 例） ◆生物には、色、形、大きさなどに違いがあること ◆それぞれの地域には、地形や気象などに特色があること ◆体に必要な栄養素には、いろいろな種類があること	私たちを取り巻く世界は多種多様であり、様々な自然やいろいろな人がいること。 例） ◆自分はみんなに大事にされ、愛されていると感じること ◆身近な周りの人にかかわり、親しみをもつこと ◆身の回りの自然環境にかかわり、おいしさや面白さ、不思議さなどを感じて好きになること ◆友達にそれぞれ個性があったり、自分たちと違う肌の色、違う言葉を話す人がいることを体験を通して知ること。
	Ⅱ 相互性　関わりあっている	自然・文化・社会・経済は、互いに働き掛け合い、それらの中では物質やエネルギーが移動・循環したり、情報が伝達・流通したりしていること。 例） ◆生物は、その周辺の環境とかかわって生きていること ◆電気は、光、音、熱などに変えることができること ◆食料の中には外国から輸入しているものがあること	私たちを取り巻く世界は、私も含めて様々なものがつながっており、お互いにめぐりながら関係し合っていること。 例） ◆身近になっているいろいろな植物を食べておいしさを感じること ◆栽培活動で種から生長して実り、最終的に食べるということ。 ◆食べ物の一巡の変化を体験すること ◆季節の一巡の変化を感じること ◆身近な生き物が、食べたり食べられたりする関係を、直接見たり感じたりすること
	Ⅲ 有限性　限りがある	自然・文化・社会・経済は、有限の環境要因や資源（物質やエネルギー）に支えられながら、不可逆的に変化していること。 例） ◆物が水に溶ける量には限度があること ◆土地は、火山の噴火や地震によって変化すること ◆物やお金銭の計画的な使い方を考えること	私たちを取り巻く世界は、全てのものに限りがあり、いつかはなくなって、元には戻らないこと。 例） ◆食べ尽くすと、なくなること ◆飼育している動物が死んだり、植物が枯れたりすること ◆死んだものは、生き返らないこと

		持続可能な社会に関する概念・価値	よりよい生活に関する概念・価値
IV 公平性	一人一人大切に	持続可能な社会は、基本的な権利の保障や自然等からの恩恵の享受などが、地域や世代を渡って公平・公正・平等であることを基盤にしていること。 例） ◆健康でいられるような食事・運動・休養・睡眠などが保証されていること ◆自他の権利を大切にすること ◆差別をすることなく、公正・公平に努めること	よりよい生活は、一人一人がすべての人を大切にしようとすることによって成り立つこと。 例） ◆自分も大切にされているように、周りにいる人のことも大切に思うこと ◆友達と食べ物や遊び場を譲り合ったりすること ◆自分だけが得をしたり、するということをしたりするのは良くないということに気づくこと
V 連携性	力を合わせて	持続可能な社会は多様な主体が状況や相互関係などに応じて順応・調和し、互いに連携することにより構築されること。 例） ◆地域の人々が協力して、災害の防止などに努めていること ◆謙虚な心をもち、自分と異なる意見や立場を大切にすること ◆近隣の人々とのかかわりを考え、自分の生活を工夫すること	よりよい生活は、みんなが力を合わせて支え合ったり、助け合ったりすることによって成り立つこと。 例） ◆友達と力を合わせる経験をすること ◆力を合わせると、いろいろなことができることを感じること ◆友達と意見を出し合い、調節し、力を合わせることで、遊びや生活が豊かになることを経験すること
VI 責任性	責任を持って	持続可能な社会は、多様な主体が将来像に対する責任あるビジョンを持ち、それに向かって変容・変革することにより構成されること。 例） ◆我が国が国際社会の中で重要な役割を知り、進んでみんなのために働くことができること ◆働くことの大切さを知り、進んでみんなのために働くこと ◆家庭で自分の分担する仕事ができること	よりよい生活は、一人一人が生活する中でするべきことに気づき、それらを自分のこととしてやり遂げようとすることによって成り立つこと。 例） ◆片付けなど、自分ができることをしようとすること ◆身近な出来事に対して、自分のこととして考えること ◆自分が言ったことや、やったことに対して責任をもつこと

人（集団・地域・社会・国など）に関する概念

（文部科学省 令和元年度研究開発学校研究協議会、2019）

（例）」を参考にし，幼児版を作成し，教育課程や指導計画を考えています（表15－2）。

4. おわりに

　我々は刻一刻と変化しつつある現在を生きています。今日の子どもとその保護者を取り巻く環境は変化し，対応するように保育が多様化しています。教育の不易と流行，という言葉があります。教育においては，急速に変化する社会に応じていかなければならない側面がある一方で，どんなに社会が変化しようとも「時代を超えて変わらない価値のあるもの」（不易）があります。乳幼児期の子どもの発達にとって，ふさわしい保育・教育とは何か。常に探究する研究的態度が求められます。

　秋田（2016）は保育を対象とする領域の学際性や総合性を指摘しています。現代においては，ほぼすべての子どもが乳幼児期に保育を経験し，子どもたちは長い時間を園ですごし生活の場となっています。親にとって園は子育てを学ぶ場であり，子育てを支える場となり，そしてその輪が小学校進学後の保護者の輪を作る基盤となっています。子どもの食や睡眠，遊び，運動などあらゆる活動を支える基礎的なメカニズムやよりよい環境のあり方，保育者のあり方，園のあり方とともに，それを取り巻くマクロな社会文化的なシステムや制度のあり方を考えることが必要になっていると述べています。幼児教育を取り巻く世界的動向の中で，我が国の幼児教育・保育も変化が求められているのではないでしょうか。

　小田（2011）は次のように述べています。「遊びに夢中になっているとき，子どもは自分の存在を全身に受け止めています。こうした自分の存在感を感じることが『いのち』や『生きる力』を伸ばしていく原動力になっています。子どもの遊びは，人間としての始まりであり，いのちなのです。そして，今，園がそのことを保護者に発信すべきときです。」

園は，子どもたちと“今，この時，この場”を共に過ごす中で，より良いものを探究し，挑戦し，試行錯誤を重ねながら創造する実践の場であり，それを伝えていく場なのです。

参考文献

・広島大学附属幼稚園（2016）「これからの時代を生きる子どもたち～変わらず大切なものと，新たに求められるもの～」『幼児教育研究紀要』第38巻（平成28年度）
・広島大学附属幼稚園（2017）「これからの時代を生きる子どもたち～幼児期におけるESDの創案に向けて～」『幼児教育研究紀要』第39巻（平成29年度）
・広島大学附属幼稚園（2018）「これからの時代を生きる子どもたち～幼稚園発！ ESDを意識した保育実践～」『幼児教育研究紀要』第40巻（平成30年度）
・広島大学附属幼稚園（2019）「幼児期におけるESDの創出」『幼児教育研究紀要』第41巻（令和元年度）
　上記の資料は，文部科学省の研究開発校として広島大学附属幼稚園でおこなわれた幼児教育におけるESDに関する研究報告書です。

引用文献

秋田喜代美（監修），山邉昭則・多賀厳太郎（編）（2016）『あらゆる学問は保育につながる：発達保育実践政策学の挑戦』東京大学出版会

秋田喜代美・芦田宏・鈴木正敏・門田理世・野口隆子・箕輪潤子・淀川裕美・小田豊（2010）『子どもの経験から振り返る保育プロセス』幼児教育映像制作委員会

アーチャー・キャロル，シラージ・イラム（著），秋田喜代美（監訳・解説），淀川裕美・辻谷真知子・宮本雄太（訳）（2018）『「体を動かす遊びのための環境の質」評価スケール：保育における乳幼児の運動発達を支えるために』明石書店

ドゥエック，C. S.（2015）「思春期の子供への介入も重要だ」ヘックマン，J.（著），大竹文雄（解説），古草秀子（訳）『幼児の教育の経済学』東洋経済新報社

遠藤利彦（2017）「平成27年度プロジェクト研究報告書　非認知的（社会情緒的）能力の発達と科学的検討手法についての研究に関する報告書」国立教育政策研究所

ヘックマン, J. J.（著），大竹文雄（解説），古草秀子（訳）（2015）『幼児教育の経済学』東洋経済新報社

公益財団法人全日本私立幼稚園幼児教育研究機構（2019）「公開保育を活用した幼児教育の質向上システム　ECEQ実施園ハンドブック　2019」
https://youchien.com/research/eceq/tfpkv100000016yo-att/handbook.pdf
（2020年7月現在）

Laevers, F.（2005）Well-being and Involvement in Care Settings. A Process-oriented Self-evaluation Instrument. Kind & Gezin and Research Centre for Experientel Education.

Laevers, F.（1994）The Leuven Involvement Scale for Young Children [manual and videotape] Centre for Experiential Education.

文部科学省 令和元年度研究開発学校研究協議会 研究発表資料（2019）「広島大学附属幼稚園 令和元年度研究開発実施報告書（要約）」

無藤隆（編著）（2018）『10の姿プラス5・実践解説書』ひかりのくに

永田佳之（2010）「持続可能な未来への学び―ESDとは何か」 五島敦子・関口知子（編著）『未来をつくる教育ESD：持続可能な多文化社会をめざして』明石書店

小田豊（2011）『子どもの遊びの世界を知り，学び，考える！』ひかりのくに

OECD（2006）Starting Strong Ⅱ：Early Childhood Education and Care. OECD. org

大竹文雄（2009）「就学前教育の投資効果から見た幼児教育の意義―就学前教育が貧困の連鎖を断つ鍵となる―」『BERD』No.16，ベネッセ教育総合研究所

Pianta, R. C., La Paro, K. M., & Hamre, B. K.（2008）Classroom Assessment Scoring System（CLASS）Manual, Pre-K. Baltimore, MD: Paul H. Brookes Pub. Co.

Schweinhart, L. and J. Montie（2004）"Significant Benefits: The High/Scope Perry, Pre-school Study through Age 40", High/Scope Educational Research Foundation, World Bank Presentation.

Sylva, K., Melhuish, E. C., Sammons, P., Siraj-Blatchford, I. and Taggart, B.（2010）

Early Childhood Matters: Evidence from the Effective Pre-school and Primary Education Project. Routledge.

埋橋玲子（2018）「諸外国の評価スケールは日本にどのように生かされるか」『保育学研究』第56巻，第1号，68-78，一般社団法人日本保育学会

埋橋玲子・岡部祐輝（2019）「保育環境評価スケール（ECERS）の保育現場への導入—評価を改善に結びつける，実践知の言語化のツールとして—」『同志社女子大学現代社会学会　現代社会フォーラム』No.15，49-61，同志社女子大学現代社会学会

淀川裕美・秋田喜代美（2016）「代表的な保育の質評価スケールの紹介と整理」　シラージ, I., キングストン, D., & メルウィッシュ, E.（著），秋田喜代美・淀川裕美（訳）『「保育プロセスの質」評価スケール：乳幼児期の「ともに考え，深めつづけること」と「情緒的な安定・安心」を捉えるために』明石書店

学習課題

1．厚生労働省子ども家庭局が実施する保育所等における保育の質の確保・向上に関する検討会で出された実践事例集を読んでみましょう。
厚生労働省（2019）「子どもを中心に保育の実践を考える〜保育所保育指針に基づく保育の質向上に向けた実践事例集〜」
https://www.mhlw.go.jp/content/000521634.pdf　（2020年7月現在）

索引

●配列は五十音順，＊は人名を示す。

著者紹介

野口　隆子（のぐち・たかこ）

1975年	大阪府に生まれる
1998年	立教大学文学部心理学科卒業
2000年	立教大学大学院文学研究科心理学専攻修了
2004年	お茶の水女子大学大学院人間文化研究科博士後期課程単位取得満期退学
2004年	十文字学園女子大学幼児教育学科着任，講師を経て准教授
2015年	白梅学園大学大学院子ども学研究科博士課程修了，博士(子ども学)
現在	東京家政大学教授 放送大学客員教授

主な著書　・保育内容 言葉（編著　光生館）

・論文　・絵本の魅力―その編集・実践・研究（共著　フレーベル館）

・事例から学ぶ はじめての質的研究法 教育・学習編（共著　東京図書）

・保育者の専門的発達―幼稚園保育文化と語り―（単著　白梅学園大学）

・教師の語りに用いられる語のイメージに関する研究：幼稚園・小学校比較による分析（教育心理学研究第55巻）

・保育者の持つ"良い保育者"イメージに関するビジュアルエスノグラフィー（質的心理学研究第4号）

・保育者の専門性と成長―メンタリングに関する研究動向―（人間文化論叢第5巻）

放送大学教材　1529544-1-2111（ラジオ）

改訂新版　乳幼児の保育・教育

発　行　　2021年3月20日　第1刷
　　　　　2023年8月20日　第2刷
著　者　　野口隆子
発行所　　一般財団法人　放送大学教育振興会
　　　　　〒105-0001　東京都港区虎ノ門1-14-1　郵政福祉琴平ビル
　　　　　電話　03（3502）2750

Printed in Japan　ISBN978-4-595-32243-3　C1337